敬語スタディー

KEIGO Study

実技篇

尾崎左永子
Ozaki Saeko

かまくら春秋社

敬語スタディー　実技篇●目次

Study 1

犬に敬語を使うの?

Study 2

“敬意”がことばを美しくする

Study 3

あなたなら、どう呼ぶ？

Study 4

"ことばのルーツ"を知る

Study 5

洗練された会話は敬語から生まれる

装丁　日下充典
カット　吉野晃希男

敬語スタディー　実技篇

本書は、『星座──歌とことば』創刊号（二〇〇一年一月発行）～二十四号（二〇〇四年十一月発行）に掲載された「敬語スタディー実技篇」に加筆、修正を加え、再構成したものです。

Study 1

犬に敬語を使うの？

「下さる」と「くれる」

もう二十年も前のことになるだろうか、テレビで、まだ若い女性歌手のライブを放映していた。いわゆるアイドル系の、かわいくて清潔なその少女歌手に、聴衆が熱狂的な声援を送っている。少女はちょっと首をかしげて、舌足らずな口調で言った。

「皆さん、わたしのために、こーんなにたくさん、来てくれて、ありがとう！」

わあっと大きな拍手が湧いたが、私は思わず耳を疑った。

「来てくれて」はないでしょう。お客様は「来てくださった」であるのが当り前。小生意気な女の子に「来てくれて」と言われたら、大人はムッとくるのがふつうである。「くれる」は目下の人か身内にしか使わない。

それからしばしば「誰々がしてくれた」を耳にするようになって、はたと思い当った。

ある年の天皇誕生日のこと、宮中の一般参賀に、昭和天皇が例のようにお応えになった時だったと思う。天皇は参賀の人々に対して、あの誠実無比なお声でこう言われたのだった。

「みんな、わたしのために集ってくれて、ありがとう」

正確でないかもしれないが、こうだった。おや、ずいぶん砕けた言い方をなさるな、宮内庁の誰が起草したのだろう、と興味ぶかく思った記憶がある。いつも「……をうれしく思います」の言い方をとっていた宮内庁側が、苦心して〝ふつう語〟に砕いたのだろうけれど、受けとる方の感覚にはちょっと違和感があって、記憶にのこったのである。その後その言葉を天皇の発言として耳にした覚えがないから、以後はまたとりやめになったのかもしれない。

そこで思ったのだが、一般庶民にしてみれば、天皇がお使いになるのだから、これはいい言葉にちがいない、と鵜呑みにして、少女歌手までが「くれて」とお客様にいうことになったのではないか。

考えてみれば、国民の象徴としての天皇が、国民に対して「来て下さって、ありがとう」とおっしゃるはずはない。プライベートな交際の中であれば、個人的には使われることもあろうが、公的な場、開かれた場では、「下さって」とは言われまい。

それを思い違えた人たちが「よいことば」のつもりで、主客転倒の「くれる」を常用するようになったのがルーツではないかと思うのである。

敬語の問題は、裏に上下関係という身分差の名残りがあるから、皆が触れるのを嫌がるし、平等を旗印とする人々にとっては、格好の標的になり易い。しかし、〝上下関係〟と言わずに〝内と外のけじめ〟と受けとることも可能だし、尊敬語と謙譲語の表裏の関わり、丁寧語の在り方などを考えていかないと、日本語の会話の美しさを保つのは難しいのである。また、美しい言葉づかいの中心になるのが、どちらかと言えば「女ことば」に集中していることも、男女差別を嫌う人々にとっては、攻撃し易いところでもある。

尊敬語・謙譲語（古くは卑語ともいった）・丁寧語、という言い方を、私はあまり好まない。学術上はともかく、全部を含めて「敬語の使い方」と呼ぶのを、ここではお許し頂きたい。人との関わりの中で、相手を大切に思い、自らを控えめに、そしてお互いに心地よく話をすすめるための習慣的な語法を、ここでは単純に敬語ということばでいうことにしたい。

ところで、「くれる」という語感は、内外感覚でいえば内向き用である。

①「ねえ、お使いに行って来てくれない？」

②「うちの娘がおいしいケーキを買ってきてくれたの」

③「外、掃いておいてくれた？」
④「まあ、わざわざ知らせてくれてありがと」

敬語は、大体が話しことばの中で生きるもので、書きことばの敬語より一段高位のものが使われることが多く、たとえば『源氏物語』の地の文と会話とを比較してみると、会話の方がずっと丁寧である。そのことを心においてこの四つの例をみると、この中でも「下さる」に置き換えて使うことのできるものが三つある。

①「ねえ、お使いに行って来て下さらない？」
③「外、掃いておいて下さった？」

④「まあ、わざわざ知らせて下さってありがと」

身内の人、たとえば母が娘へ、姑が嫁へ、主婦が手伝いの人へ、姉が妹へ、こういう言い方をしてもおかしくはない。

しかし②に関しては、

②「うちの娘がおいしいケーキを買って来て下さったの」

と言えば、これは語法違反として聞き手の神経を逆撫でする。聞き手に対して、話し手が自分の身内に敬語を使うのはルールに反するからである。

ごく親しい友人同士であっても、それはおかしいとは指摘できないから、敬語をしつけるのは母親であり姉であり祖母であろうが、最近の母親は、敬語のしつけを受けることがない。だから、妙なルール違反をしても、自ら気付くことがないのは、彼女らのせいではないのである。しかし、きちんとした敬語が使えないと、世間に出てから要らないコンプレックスを持つことになる。

デパートや銀行では、新入社員に接客用の敬語教育を施すそうだが、これがまた、むやみに丁寧になるばかりで、実《じつ》のこもらないことこの上ない。昔はこうした語法を「馬鹿丁寧」と言った。今や「バカ」は差別用語だそうだが、このことばはうまく真《しん》を衝《つ》いている。あまり丁寧だと、対手《あいて》にとってはかえってバカにされたような印象がのこるものである。つまりは、心のこもらない言い方、表面だけの丁重さは、対手をちっとも尊敬していない、ということを、対手はたちまち感じてしまうのである。「ことば」のコミュニケーションの、怖いところでもある。

「下さる」に近いことばでよく使われるものに「いただく」がある。前述の文例を変形してみよう。②は除外する。

①「ねえ、お使いに行っていただける?」

③「外、掃いていただけた?」

④「まあ、わざわざお知らせ頂いてありがと」

比較すると「下さる」の方がやや軽く、「いただく」の方には更に敬意がこもっているようだ。「いただく」は「もらう」の謙譲語、といわれているが、これらは「くれる」「やる」の反対語であると同時に、「下さる」「上げる」にも繋ってくるので、今後そのあたりを一括して展望して行きたい。

最初の例を見直すと、そこには一つの法則があるのに気付く。「行って来てくれない?」「掃いておいてくれた?」「知らせてくれてありがと」いずれも「て」の助詞で結ばれている。「下さる」も「いただく」も同様で、「何々して……」の下に続いて使われている。動詞とはいうものの、助動詞のようなニュアンスの〝ことば群《ぐん》〟なのである。これを日本人はまことに巧く操《あやつ》って来た。ちょっとした言い様《よう》で、敬意、命令、対人関係、心のありようまで、過敏に見抜いてしまう。

少女歌手の「来てくれて」に違和を感じるのは、そこに尊大さを嗅ぎ取ってしまうからである。現場でキャーキャーと反応を示したファンたちは、おそらく少女歌手にあこがれをもつ同年代の人々であり、星《スター》を仰ぐ視点に在ったのだろうから、たぶん「くれて」には違和感を持たなかっただろうし、「内」同士のやりとりとして親愛感を共有していたかもしれない。

しかしテレビは公開された場である。観客はその場のファンだけではないことは認識しているのが当然のマナーだろう。

テレビと言えば、最近のことばの乱れの多くは、テレビ・バラエティーのとめどない内輪的会話スタイルの悪影響だと言えなくもない。以前は芸人たちの間では上下関係が厳しく、先輩後輩の序列も守られていたが、最近は平等の名の許に下剋上の風潮がつよいという。テレビにレギュラー出演して名を知られることが〝出世〟であり、出世するとたちまち横柄《おうへい》なことばづかいになる、ときく。それがそのまま生番組に持ち込まれる。仲間同士の内輪受けが視聴者にも喜ばれる。勢い、会話の速度は速くなり、略語や隠語が公然と使われ、軽薄なカタコトが受けてしまう。要するにことばの「晴《はれ》」(正式)と「褻《け》」(ふだん)のけじめが全く混沌としてしまった。控えめであるより、大声で自己主張する方が勝ち、と思わせるのは、テレビに一半の罪、と言ってわるければ大きな要因が在るだろう。

全国津々浦々までことばの破壊は進捗している。せめてこのあたりで、ことば世界の崩壊をとめるべく、ちょっと立ちどまって一緒に考えていただけませんか。下さいませんか。くれませんか。……やはりここでは「いただけませんか」にしておこう。

#「あげる」と「やる」

前項で「下さる」と「くれる」「いただく」について書いたが、これに関連して想起するのはまず「あげる」と「やる」の混乱である。

「あげる」は今や敬語でなくなってしまったようで、「うちの子にハンバーグを作ってあげたの」などと平気で言う母親がふえた。「うちの子にハンバーグ作ってやったの」とふつうに言うと、「あの人、ことばづかいがわるいのね」と蔭口をきいたりする。

この混乱が起ったのは私の記憶では、昭和三十年代前半だったと思う。「あげる」は「上げる」であり、「下さる」と対《つい》をなしていて、身分なり長幼なりの秩序に従って、目上の人には「あげる」のであり、目下の人には「やる」のが昭和戦前の共通の使い方だった。

「やる」はもともと「遣《や》る」であり、「遣《つか》わす」であって、原義は中心から外へ向って物なり人なり心なりを遠く届かせることに他ならない。だからこそ「心《こころ》遣《や》り」などということばが残っている。何かの言伝《ことづて》をもたせて人を相手の所へ派遣するのは「使いに遣《や》る」のであり、また目上の者から幼少の者へは「お小遣《こづか》い を遣《や》る」のであって、会話の中で相手に対し「おこづかい、あげるわ」とは言っても、人に対しては「うちの子におこづかいやったら……」という言い方をする。他人に対して身内の者に敬語を使うのはおかしいのである。

いま、実際の文献を探し出す余裕がないが、当時「やる・あげる論争」というのがあった。戦後、身分や年齢による区別、秩序がなくなって、とくに上下関係、長幼関係のきまりがあっという間に崩れはじめた。そのこと自体は、むしろ封建的家父長制の崩壊という意味があって、社会現象としては、はなはだおもしろくもあり、良い面もあったのだが、ここで敬語も混乱をはじめたのである。中でも端的にその問題が色濃く出たのが「やる・あげる論争」だったのである。

前にも述べたが、敬語はその多くが女ことばの丁寧語として定着している場合が多い。戦前の東京山ノ手は、維新以来、政治や文化の中心が東京に移ったため、全国から家族を率いて定住する人々がふえた。以前からあった各藩邸の上屋敷、幕府の高級役人だった人たちの邸、大奥に仕えていた人々の家、京から移って来た公卿たちの邸。山ノ手の邸町では、お互いのお国柄や習慣を尊重して、あまり近隣の日常生活には踏み込まない。同じ各地の人々が混在して住むにしても、下町のつきあいとはかなり異なるところがある。

その山ノ手の子女たちが、当時出来たばかりの女学校に登校するようになる。むろん、深窓の令嬢が専属の家庭教師によって教養を身につける例も多かったのだが、皇族をはじめ、旧藩主や重役たちは、率先して娘たちを女学校に通学させるようになる。そこに医師や下町の豪商の娘たちも加わる、という具合で、維新前には考えられないような、開かれた交友が生まれていった。そんな中で、相手を尊重する礼儀として、山ノ手の女性たちの敬語は、自然に定着していった。

明治維新は一種の文化革命でもあって、若い女性たちは、西欧文化の直輸入の中にどっぷり漬りながら、共通語としての敬語を身につけて行った。

従って東京山ノ手の女性たちの流暢《りゅうちょう》なことばづかいは、教養ある女性のことばづかい、とされたのである。「教養ある」とは、何も大学で何かを専攻したとか、知識人だとかいうことではなく、西欧の大使夫人などとも同格に交際できる、グローバルな眼と、品位のある態度、そして、王朝時代『古今和歌集』を暗誦するのが教養であったように、和歌、漢籍、茶道、華道、琴、書道などをたしなみ、どんな場に出ても動じないだけの素養のあることをさしている。だから翻訳劇のシェークスピアであれ、歌舞伎であれ、オペラ、オーケストラ、能楽、舞踊、何

でも一通りは見聞していなければならない。そうした中で舞踏会もあれば、紅葉の宴などにも招かれる。ここでスムースに敬語づかいが出来なければ、嫁入りの口もかからない。

　そんな山ノ手の邸の女たちは、昔通り、身内に関しては必ず「何々してやった」といい、「末子は養子に遣《や》ったので」と言う。「そんなことやりきれないわ」とは言っても「あげきれない」とは言わない。「やる」とは、決して悪いことばではないのである。

　ところが、下町の男性の間では話がちがうらしい。

「やる・あげる論争」に決着をつけ

たのは慶大のタレント教授で国文学者の池田弥三郎さんだったと思う。たしか、当時池田さんは国語審議会委員でもあった。その池田さんにあるとき、

「どうして〝やる〟がいけないんですか。女ことばでは悪いことばではないと思いますけれど」

と訊ねたところ、意外なことばが返ってきた。

「だって、〝やる〟って、きたないよ。たとえば〝やっちまえ〟とか、言うでしょう」

「やっちまえって、殺しちゃう?」

「それもあるけどさ、〝あの女、やっちまえ〟とか」

うわっ、これはたいへんだ、と私はその時思ったのを覚えている。冷静に考えれば、「あの女あげてしまえ」と言うはずはないのだし、同じ「やる」にも、遣わすだけでなく、「何かを進める」動作ということもあるわけだから、「やる・あげる論争」の拠り所にはなりそうにない。しかし池田さんのテレビ発言以来、「あげる」がすっかり市民権を持ってしまった。池田さんは銀座の旦那衆だから、下町の男性の言語感覚で裁断されたのであろうが、その後山ノ手の女ことばは出

る幕がなくなった。

「今度私の弟が俳優としてデビューしますから、応援してあげて下さい」と平気で発言したのは某大物プロ投手である。またテレビ番組で某女優が嬉しそうにこう言う。

「幼稚園に行ってるので、私、毎朝、自分でお弁当作ってあげてるんですよ」

冗談じゃないでしょ。自分の子にしてあげるのなら、「ご自分で作ってあげてる」と自分にまで尊称をおつけになったらいかが。

ついには犬や猫にまで「餌をあげる」という人がふえて、聞くたびに寒気がする。何で飼犬や飼猫に敬語を使うのでしょうか。「お犬様」の時代だから仕方ないか。もしあなたが教養のある方なら、ゆめゆめ、犬には餌をあげないで下さい。餌をやって下さい。

もっとも、この間ある公園に札が立っていた。

「リスたちには、みだりに餌をあげないで下さい」

噫《ああ》！　力及ばず、私がこう言ってももう世の趨勢《すうせい》は「あげる」に傾いているのである。「みだりに」なんて、忘れられたような修飾語を使う位なら、ちゃんと

「餌をやらないで」と書いてほしいものだが……。

それほど「上げ」たいのなら、いっそ「差し上げる」を使ったらどうなのだろう。

「リスたちには、みだりに餌をさしあげないで下さい」

辞書には「さしあげる」＝「与える」の謙譲語、と書いてある。しかし「さしあげる」は、相手への敬意、それもかなり深甚《しんじん》な敬意を含んでいるのは確かで、敬語といってさしつかえない。「あげる」より一段と丁寧だが、こう言ってみれば「犬に餌をあげる」という語法がいかにおかしいかは納得できるはずである。

ところで、前にも書いたように、お互いの会話の中では、相手を尊重して、一ランク高い敬語を用いるのがふつうである。従って、親が子どもに向って、

「おやつにおいしいケーキ作ってあげるわね」と言うのは、一向に構わない。

犬に対しても、

「ちょっと待ちなさい。いま、おいしいドッグフードあげるから」

と語りかけても、誰も怒らない。他人に向って言う時に、あるいは公の場で身内やペットに敬語を使うのがおかしいのである。

ところで、私はこのところかなり勝手に〝敬語〟周辺について書いているが、蛇足ながらひとこと、私の基本的な立場を記しておきたい。

私は「美しい日本語」を伝えよう、と言っているが、「正しい日本語」を、とは言っていない。この差異について、読者にも知っておいていただきたいのである。

「正しい」ということばを、私は好まない。というと、正義は嫌いなのか、正統を好まないのか、と邪推されることがあるが、「正しい」ということばを平気で用いる人の無神経が厭《いや》なのである。

「正しい」とは、「正《ただ》す」「糺《ただ》す」の語から派生した形容詞であるが、「ただす」とは本来、異る道にはずれたものを、本《もと》に戻し、整える意である。その本《もと》となる道が〝正しい〟とするならば、道は一本しかないことになる。基本が一つしかない、他に選択肢がないという価値観は、戦中戦後に青春期を過して来た世代の私にとっては、到底我慢できない。敗戦と同時に、恥しげもなくすべての価値観を大逆転させて、それを強いた前世代の〝大人〟が全く信じられなかった経験をもつからである。

価値観は多様であってよく、また人に強いられるものでもない。「ことば」の価値に対しても同じである。私は同意して下さる多くの方々と共に「美しい日本語」の伝統を次代に伝えたいのであって、決して「正しい日本語をとり戻せ」などと言っているわけではない。その違いは、私にとっては非常に大切なことなのである。

「申しますと」と「おっしゃる」

近ごろのコギャルことばには全くついて行けないが、ごくふつうの女のコでも、こんなふうに言う。

「ネー、行く?」

「あ、ウン、ウン、行く、行く」

たしかに、これでも会話は成り立つのだろうけれど、誰が、いつ、どこで、誰と、何をするのか、という基本は、全く踏まれていない。というより、暗黙の了解が優先して、ことばはできるだけ節約、ということになりがちだ。

こういう女のコたちに敬語を教え、しつける難しさは想像を超えるものがあろう。勢い、商社やサービス業種の新人教育には「マニュアル」があって、その通りに鸚鵡《おうむ》返しのようにして覚えさせるのだそうである。が、その「マニュアル」がすでにしばしば誤っているのである。チェック機関がない上に、上下関係の崩壊しつつある昨今、敬語の根本にあるべき〝敬意〟そのものが、ないがしろにされているのだから、確信をもって教える立場に立てる人がいないせいもある。

ここでは、近ごろ乱れている敬語・謙譲語の中で、基本的に知っておきたいことをいくつか記しておこう。たとえば「申《もう》す」と「仰《おお》す」から出た「申します」

「申し上げます」と「おっしゃる」、それに「いらせられる」から出た「いらっしゃる」などの使い方をターゲットにしてみたい。

ごく簡単に言ってしまえば、「申す」は下から上へ「言う」の謙譲語、「仰す」は上から下への命令を伝達する「言う」の尊敬語である。だから「申し上げる」のであり「仰せ下される」のであって、申し下げたり、仰せ上げたりはしないのである。むろん、時代によっての変化や例外はあるが、ここでは基本として覚えておくことにしよう。

「申す」は、今では「もうす」と書くが、本来は「まをす」である。今でも神社で祝詞《のりと》を聴いていると、最後に、

「……と、畏《かしこ》み畏みまをすゥ」

と終るのを耳にするだろう。この「まをす」は「岩波古語辞典」によれば、「神・仏・天皇・父母などに内情・実情・自分の名などを打ち明け、自分の思うところを願い頼む意。低い位置にある者が高い位置にある者に物を言うことなので、後には『言ひ』『告げ』の謙譲表現となった。奈良時代末期以後マウシの形が現われ、平安時代にはもっぱらマウシが用いられた」

と、まことに明快な記述がなされている。

現代語の中でも「申す」は「言う」の謙譲語、「おっしゃる」は同じく尊敬語であることは、まず基本線である。

①「センセ、うちのお父さんが、よろしく言ってました」

という言い方で用事は通じるけれど、

②「先生、うちの父が、よろしく申しておりました」

と言えば、先生としては「この子はきちんとした家庭に育った子だな」とすぐ判断するだろう。そう言えば近ごろは自分の家族のことを言うのに、「お母さんが」とか「お兄さんが」とか、「さん」の敬称をつけて平気で話す人が多い。少なくとも社会人になったら「父が」とか「兄が」とか、内輪の人間のことは敬称をはずして話すのが本当だろう。もちろん、友人同士の間の会話なら構わないのだが、こうした内と外の「けじめ」さえ、わからなくなっているのが現状のようだ。

ついでに言えば「申しておりました」の「おります」が尊敬語だと錯覚している人がかなりいる。「おります」は「居る」こと、「居る」とはもともと「坐る」意で、下にじっとしていることである。よく似た「居り」は「居あり」の約《つづ》

まったことばで、「下にずっと坐りつづける」が原義である。自分のことを「何々しております」は構わないが、うっかり人に関して使うと、下位の者への蔑視になりかねない。話が逸れてしまうので、これは次回にくわしく考えることにしよう。

ところで、話を「申す」に戻すと、こんな童謡を思い出す。

〽わたしはポチと　申します
ちんちんおあずけ　みな上手
いまに大きく　なったなら
ご門の番をよく　しましょう

昔は童謡といえどもきちんと謙譲語を誤またずに使い分けていたのがわかる。ポチはちゃんと「わたしはポチと申します」と言っているのである。

一方「おっしゃる」の使い方は相手に対する敬意を含んだ「言う」の敬語だが、もともとは「仰せある」が縮まったもの。現代でも年配の女性はふつうに使うし、いわゆる「育ちのいいお嬢さん」たちは、目上の人に対してはわりあいふつうに使っているようである。ただし、小学生のことばを聞いていると、

「先生がおっしゃったから」

とはとても言いそうにない。「先生が言ったから」であり、親の方も「先生のおっしゃったこと、聞かなくてはだめよ」ではなく「先生の言うこと聞かなきゃだめよ」がふつうだろう。男児と女児とのことばの差がなくなり、一体にことばが単純になっている。男女共学のおかげ（！）かもしれない。

それにしても「ことばづかい」は家庭教育の中で自然に身につくものだし、時と場所と場合を心得て「使い分け」のけじめがついているようでないと、とても複雑な社会の中で生き抜いていくことは難しい。男女用語の区別のない方が、差別がなくていい、と表向き唱えている人でも、人のことばづかいの微妙な陰影を

鋭敏に嗅ぎとり、その人の家庭教育の背景まで誤りなくキャッチしてしまうから怖いのである。

もし会話の相手が尊敬すべき目上の人であれば、人はおそらく、

①「そう言うけど、ちがうんじゃない？」

とは言うはずがない。

②「そうはおっしゃいますが、もしかしてちがうのではないでしょうか」

くらいには丁寧に言うだろう。これが男性になると、

③「そう言われますが、お間違いではないでしょうか」

のように、「言われる」＋「ます」という丁寧語を使うことが多い。

この「れる」という助動詞は、受身や可能と同じ活用形だが、「軽い尊敬」を表わす使い方である。関西系に多い使い方かとも思うが、女のコが「行かはる」と「はる」を使うのと同程度の「軽い尊敬語」と思ってよいのだろう。私なども例えば、

①「このままいらっしゃる？」

と言う代りに、

②「このまま行かれますか?」

などと使う場合がある。仕事の場にまだいくらか男性社会的な雰囲気が残っているせいもあって、男性風の軽い敬語を使うのである。しかし使っていてあまり気分はよくない。何となく優しくないのである。むろん男性でも年配の方なら、

「いま尾崎さんのおっしゃったことに賛成ですね」

などと、いとも気楽に口にされる。必ずしも女性語ではないのである。「仰有る」と書いて「おっしゃる」と読むが、この漢字の訓《よみ》もそろそろわからなくなっているかもしれない。ワープロの漢字変換では「仰る」で「おっしゃる」になっているものもあるが、これはどうなのだろう。「おおせる」としか私には読めないのだが。

このごろ気になってならないことばについて、ちょっと触れておきたい。

妙に耳につくのが「ひもとく」ということば。

「ひもとく」は「繙く」であって、元来、書物を入れてある「帙《ちつ》」の紐をとくのである。「帙」は冊子が傷つかないように厚紙布張りの覆いを作り、紐で結ぶ。

紐の先に象牙の爪をつけてある場合も多い。洋書の箱と異って、和綴本の覆いは天と地の部分が無く、横たえて平らに包むのである。その紐をといて、書物を出すところから、「ひもとく」とは「書物をひらいて読む」ことをいう。

もう一つ「ひもとく」には、古くは「下紐を解く」意がある。「万葉集」の歌などでは、愛し合う男女が別れる時にお互いの下紐を結ぶ習慣があって、それが自然に解けるのは、近々逢える前兆だとされたようである。その連想からか、花のつぼみがひらくことを「ひもとく」という場合がある。

また江戸時代には、幼児がきものの付紐をはずしてふつうの帯を付ける儀式があって、これを「紐解き」「帯解き」と称し、十一月十五日に行なった。俳諧では冬の季語に入っている。

こういう語のルーツを知らないまま、現在テレビなどでしばしば「ひもとく」の誤用されているのが、耳について仕方がない。「歴史をひもとく」はまだしも許せるとして、「両国の関わりをひもといてみましょう」などと、正規のアナウンサーが言うのだから、全く耳ざわりである。何となく「ルーツを探る」とか「解明する」意味に取り違えているようなのである。名の知れたアナウンサーの方々、誰が台本を書いたのか知りませんが、少くとも大学を出ていらっしゃるのでしょう。わからなければちょっと辞書を引くくらいの手間は惜しまないでいただきたい。

もうひとつ、近来ヘンなことばづかいとして、読者からの指摘があった。ある賞の授賞式で、司会者が「おめでとうございました」というのはヘンだというのである。たしかに、お祝いの席では「おめでとうございます」がふつうで、過去形にするのはおかしいのである。

「いらっしゃる」と「おります」

歌舞伎の舞台の幕が上がって、場は殿上の間、豪華な金箔張りに秋草の大和絵の襖、お囃子にのってするすると小走りに腰元たちが登場する。お揃いの明るい無地の着物に、黒い繻子《しゅす》の「立て矢」の帯。それぞれ座について坐ると、一息して、チョンと柝《き》がはいって、さて主役たちが登場してくる。腰元たちは両手をしなやかに揃えて頭を下げる。その時言うセリフがきまっている。

「いらせられましょう」

舞台の華やかな下地ができ上がって、観客は主役たちのセリフを待つばかり。役がなかなかつかず、せいぜい腰元程度の役をつとめる役者を「いらせられましょう」と称したようで、母や姉などが、

「〝いらせられましょう〟にしてはいい役者ね」

などと批評していたのを覚えている。

この「いらせられましょう」は「お入《い》りなさいませ」であろうが、「いらせられる」の約《つづ》まったのが「いらっしゃる」である。

一方、宮中などでは以前は「あらっしゃる」という使い方があったという。「在らせられる」であり、「お上《かみ》は何々の間《ま》にあらっしゃる」「こういうお考えに

あらっしゃる」というような言い方をする。

この「入らっしゃる」と「在らっしゃる」が混同し、一つになってしまったのが「いらっしゃる」という敬語であろう。

この「いらっしゃる」は結構幅のひろい使い方をする。

①「今月の舞台、もう見にいらっしゃった?」

②「いいから、早くこっちにいらっしゃい」

③「駅のベンチに坐っていらっしゃったでしょ」

④「忘れものをとりにわざわざいらっしゃったのね」

①は「見に行ったか」であり、②は「来なさい」、④も「来た」であるが、③は「いた」のである。「行く」も「来る」も「いる」も同じように「いらっしゃる」が用いられるのである。

また使い馴れた人は「いらっしゃった」とはっきり発音せず、「いらした」というふうに独特の省略をする。一種の女性語である。男性語としては、

⑤「例の展覧会、もういらっしゃいましたか」

のような使い方をする。「行かれましたか」と同程度の丁寧語である。

「いらっしゃる」が難しいのは、「いらっしゃい」という挨拶語になっているからでもある。

⑥「やあ、いらっしゃい」

とは、どこの父親でも使うと思う。来客を迎え入れるとき、同輩以下の人にはふつうに用いる。しかしこれが、

⑦「さあ、いらっしゃいいらっしゃい」

となると、商売人の呼び込みに転化してしまう。「寄ってらっしゃい、見てらっしゃい」のたぐいである。⑥は「いらせられましょう」の系統、⑦も同様だが、「寄ってらっしゃい、見てらっしゃい」は「寄ってけ、見てけ」で「行く」の系統である。

⑧「お訪ねしたいけど、今日おうちにいらっしゃる?」

の場合は、「いるか」であって、「在らっしゃる」の系統である。

ややこしいのは③の「坐っていらっしゃった」の場合は「坐っていた」の敬語だが、この「いる」は行動の持続を表すgoingの意味になるから、⑧とは自《おの》ずから異るのである。

ややこしい話はさておいて、「いらっしゃる」に照応する「おります」という謙譲語に目を移そう。

今でこそ「おります」「いる」と書くが、従来のことばとしては「をります」「ゐる」とワ行であり、「居り」「居る」である。この「居」という字を当てていることは、「おります」「いる」が「坐る」意のあることを示している。「居」は「据」と同じく「据《す》う」とも読むし、「すう」は「すわる」と同語源であるからだ。

大名行列が東海道の松並木を行く時、何と言ったか。

「下に居ろう、下にィ、下に」

である。下に坐ってそこにじっとしておれ、というのである。

下に坐るということは、相手を尊崇し自らを卑下する形につながる。選挙の時などに候補者が土下座をしてお辞儀をするのを見ると、日本人は誇りを捨てたのか、と見るに堪えない。「下に居る」、と卑下することで得をしようという欲が見えてしまうからだ。それはともかく、このように「居ります」「居る」は謙譲語にはなっても、敬語にはならない。

①「ご主人、いらっしゃいますか」「いえ、おりません」

ここでは「いません」よりは丁寧にきこえるのは確かだが、

②「伊藤先生いらっしゃいますか」「はい、おりますよ。先生、お電話」

などと学生に取り次がれたら、伊藤先生は気分よくはあるまい。奥さんがご主人のことを言う①の場合はOKだが、②の場合は学生が目上の存在を言うのだから「おります」は失礼に当る。「おられます」ということばを使う人も多いが、本来は「居る」は謙譲語であって、いくら軽い敬意の「られる」語法を用いても、本質的には敬語にはならない。「いらっしゃいます」を使うのが本来の形である。

もっとも、会社に「社長いらっしゃいますか」と電話があったら、OLは「はい、おります」と答えるのは当然で、自社という内輪と、対外的なことばの使い分けは、礼儀のしつけのポイントでもある。

「長幼序あり」と教えられた戦前育ちの世代にとっては、敬語・謙譲語の使いわけは日常のことだったが、現代の若者にとっては敬語を自分につけたり、相手に謙譲語を使ったりするのも無理はない。ただ、相手に対する尊敬や思いやりは捨ててはならないだろう。

ただし、内輪と外の使いわけも、簡単でない。ずっと以前、家にかかって来た夫への電話に出た手伝いの人が、「はい、おります」と答えたのでびっくりした覚えがある。妻である私や娘が「はい、おります」というのは内輪の謙譲であるからよいとして、外部から手伝いに来た人が「おります」というと、相手は私か娘、つまり家族だと思ってしまう。肉親でもない人に「おります」と言われて、家族の一人と思われるのも、ちょっとした迷惑の思いがあった。さりとて「はい、いらっしゃいます」と言われるのも妙である。一般に小家族になった昨今、敬語と「内輪の謙譲語」の使いわけの線引きは、さまざまな問題を抱えている。

この時のわが家のお手伝いさんは東京神田の生まれ、チャキチャキの江戸っ子

だったが、同年齢のよしみでそのことを口にしたら、

「えっ、おりますって、敬語じゃないんですかぁ」

と仰天されたのを思い出す。

「おります」を敬語、丁寧語と思いちがえている人が案外いるので、ここでとりあげてみた。


最近一般に、とりちがえられていることばの一つに、「ご苦労さまです」という、いたわり、ねぎらいのあいさつがある。

テレビでキャスターの櫻井よしこさん（私は大ファンだが）が、外国特派員からの報告を聞いたあとに、

「ご苦労さまでした」

というのを耳にして、気になって仕方がなかったが、その後たちまち「ご苦労さまでした」があたり前のあいさつになって来た。しかしもともと、「ご苦労さま」は、目下の人、年下の人、使用人などをねぎらう時に使うことばである。櫻井さんの場合は、相手は同輩以下の特派員なのだろうから、それでよかったのかもし

れないが、ちょっと尊大にきこえたのは事実である。

また、放送界、映画界、演劇界などのいわゆる業界用語として「お疲れさま」というあいさつが、最近は一般化している。緊張が解けた収録後や打ち上げの際に、誰彼となく「お疲れさまでした」と声をかけあう。同業者同士の連帯感から来るこの「お疲れさまでした」の感覚が「ご苦労さまでした」に移って来た、という経緯があるのかもしれない。

しかし、いずれにしても「ご苦労さま」が目下の人をねぎらうあいさつだという感覚は、巷間には根づよく残っている。年上の人や上司などには「ご苦労さまでした」は使わない方がよい。うっかりすると、そう言われてムッとする人もいるはずである。

たとえば大きな会社の社長さんが、外回りから帰った青年に、「ご苦労だったね」あるいは「ご苦労さん」のひと言をかけるとすれば、青年は一日の苦労が報われるだろう。しかし反対に、一日中会議でもめていた社長が、ようやく帰ろうとするときに、秘書の青年が「ご苦労さまでした」と言うだろうか。社長を「ねぎらう」などとは不遜の域なのである。無礼であろう。

テレビの時代劇を見ていたら、若侍が「ご家老、ご苦心のほど、ご苦労さまに存じ上げたてまつる」と平伏する場面があって、思わずふき出したことがある。「ご苦労」にいくら「さま」をつけても「存じ上げたてまつ」っても、これは、上司に向って言うことばではないのである。

民主化結構、平等結構。でも、もしかして皇太子妃殿下にむけて「ご苦労さまです」なんてあいさつ、まさかしないでしょうね。

「申します」「おります」は敬語に非ず

鎌倉に初雪の積もった日。

ＴＶで、若い女性のインタビュアーが、ぺちゃぺちゃことばで京都の〝おいしいもの案内〟をしていた。雪で外出できなくなってしまった私、見たくて見ていたわけではないのだが、何となく神経にさわることばかり。大体、京都でおいしいもの盛り沢山なら当るだろう、の企画意図みえみえ。第一、旅行者ならともかく、取材に行ってインタビューするのに、セーターにＧパン、ジャケットのふだん着というのもどうなのだろうか。私が放送や雑誌の仕事に携っていたころは、取材にはきちんとスーツ位は着て行ったものだけれど。相手に対する礼儀でしょう。いくらカジュアル流行期だといっても。

もっとも、最近の初詣風景など見ていると、鶴岡八幡宮におまいりする人々の九割方はふだん着のまま。温かければいいものではないと思うのだが。何といっても気も新たに、新しい年の幸せを祈る儀式に参加するのだ。晴着が本来の形のはず。

「晴《はれ》」（正式）と「褻《け》」（ふだん）の区別ができなくなったのは、実用優先のアメリカ文化流入のせい、と言う人もいるが、アメリカだって、日曜日の教会へは、

きちんと着がえて参加する。神への敬意をもっているからだ。

　もうひとつ「やめてよ」と言いたかったのは、その女性が、菓子司で出されたお菓子を両手で持ち、カメラの前でパクリと噛み切り、噛みあとの三日月形を片手に、「うん、とってもおいしいです」。店の方で、「どうぞ手でご自由に」と言ったのかもしれないが、いくらか「しつけ」を受けた女性なら、楊子で切るか、手で割るか、口に入る位にしてから口にすると思う。もし齧《かじ》るなら、歯型が丸くぎざぎざにのこるのを人目にさらさないようにする。真中は一口、のこった両端をちょっと噛み切って、少くとも直線に近付けるのが、女のコのしつけというものである。そのくらいのこと、ＴＶリポーターの常識にしていただきたい。齧る口元を少しは手で隠すとか。犬じゃあるまいし、見苦しいです。

大体、食べる、という行為自体が、生きる本能に直結しているのだから、行動に気をつけないと、獣と同等になってしまう。私の世代のように、戦中戦後の飢餓状態を知っている身としてはなお、伝統の食文化の大切なこと、食文化はマナーと共に発達したものだということを身にしみて感じてしまう。

マナーの根本には、つねに謙譲と敬意がある。神への敬意、人への敬意、作ることへの敬意、食材への敬意。受ける側にも、謙譲とよろこびがないと、パクリと食べて「うまーい」などとあっけらかんと言う女のコが育ち、そのコが母親になると、子どもをしつけない。悪循環である。

このように「晴」と「褻」の認識がうすれたこと、「敬意」と「謙譲」のこころのうすれたことが、いま日本語の「敬語」の大混乱、大崩壊に手を貸している。

それを世の趨勢《すうせい》と見るのは勝手だが、人間が犬たちと同等ではたしていいのだろうか。犬を差別すべきでない、というのも一論であろうが、昨今「しつけ」のない犬に振り回されている愛犬家の多いのも問題である。犬にきちんと言うことをきかせる品格と威厳は、人間が決して放棄してはならないものだろう。少子化のために甘やかし放題で言うことをきかない子どもの激増は、犬のしつけをしないのと同じだろう。敬語と謙譲語をきちんと教えることは、大人の威厳と格の高さを、子どもに認識させることにもなろう。

「ことば」に代表される人のくらしには、必ず「けじめ」が必要だと、私は思っている。いわば「節度」であり、「分別《ふんべつ》」であり、「道理のわきまえ」であり、「判断力」である。

これもTV所見だが、先日、皇后さまのご実家正田邸が取り壊されることになって、地元などの反対にあい、引き受けた解体業者が辞退するという、ちょっとしたさわぎがあった。その際、皇后さまはご自分としては、特に保存されるといいとは思っていない、という意見をお洩らしになった、とニュースは伝えていた。ある局のニュースで、男性アナがそれを伝えて言うのに、「宮内庁によれば」という前振りで、「……と、皇后さまは申しておられるということです」と言った。

　むろんニュース原稿による表現だったのだろうが、「申す」は謙譲語であって、敬語ではない。このことは前にも触れたし、時代や使用法にかなり幅のあることばで、たとえばいまふつうに使われている「ます」という口語の語尾表現そのものが「申す」の短縮形である。しかし基本的には、もともと「申す」は下から上へ「申し上げる」のであり、「仰《おお》す」は上から下へ「仰せ下される」のである。人が神へ「申し上げ」、殿は家来に「仰せになる」。

　人間すべて平等、とはいえ、もし敬意があるなら、天皇や皇后が「申しておられた」はヘンである。「申す」が敬語だと誤認したにちがいない。「申す」を使う位なら「言っておられるということです」と、ふつうの「言う」を使う方がよほど耳ざわりがいい。
　①「父が、こう申しておりました」
なら、丁寧な謙譲語であって、一向さしつかえないが、たとえば誰かが、尊敬する先生のお弟子に向って、
　②「お宅の先生が、こう申しておりました」

と言ったら、弟子は、相手の教養をうたがうだろう。

TVでは「申しておられた」と、「られる」という「軽い敬意」を表す助動詞がついているからまだしも、「おります」の語も、これは謙譲語であって、単なる丁寧語ではない。「おり」（居り）は「下に居ろう」の「おり」であって、下に坐る意があるところから、奈良時代あたりまでは自分の動作についてのみ使っていた。「一般には自分の動作については卑下、他人の動作については蔑視の気持のこめられることが多い」と、辞書にはある。

③「とんでもないことをしおって」

④「うむ、わかっておる」

などの使い方は、古風で尊大にきこえる。ふつうには「いる」（居る）が多用され、存在を示すだけでなく、動作や状態の継続や進行を表す。

⑤「いま、外出しています」

この場合「おります」にすると、

⑥「いま、外出しております」

というやや丁寧な感じにきこえるが、これは丁寧ではあっても、相手に対する敬語ではない。あくまで「(外出して)居り申す」のであって、「居り」も「申す」も謙譲語である。

くり返すが「おります」も「申します」も敬語ではないのである。「わたしはポチと申します」という童謡のことばは、ポチの謙譲語である。少くとも、皇后が一同に向って申したりはなさらないのである。

ポチといえば、「犬に餌をあげる」の誤用について、頭に来ている人は多いと思うが、この二、三年はもう「あげる」ラッシュで、「やる」(遣る)「する」の代りに「あげる」という敬語を犬にも自分にも使う人がふつうになってきてしまった。

TVの料理番組で、料理人いわく、

「海老を天ぷらにあげるときは、ここでほんのちょっと、油の温度をあげてあげると、カラッとあがります」

温度を〝上げて揚げる〟のではなく、前後の口調からいっても、温度を〝上げてあげる〟のであった。

ああ、世も末、と思うが、自分でも時々「花にお水あげておくわ」などと言って愕然とすることがある。かくして犬への敬語・自分への敬語、他人への無礼語の横行に反抗するてだては、次第に無力感を増すのである。

が、ここは頑固にスタディーをつづけよう。

⑦「めし、食った?」

⑧「ごはん、食べた?」

⑨「おひる、召し上った?」

⑩「おひる、おすませになりましたか」

このように、ことばもまたさまざまに変形する。

⑦は、男性間の、親近感のある間柄の会話。⑧は、ごくふつうの、男女共通、親愛関係にある間の会話。⑨は少し丁寧な、女性語。⑩は男女共通、事務的ではあるが、きちんとした形態をもった問いかけのことばになっている。

「おすませになる」という言い方も、丁寧語であると同時に、敬語といってよく、とくに女性としては身につけておいてよい語法のひとつであろう。

⑪「もう、お寝《やす》みになりましたか」
⑫「あの本、お読みになりましたか」

この語法は、応用範囲がひろく、男性でも目上の人への電話や会話にふつうに用いられる。同じような言い方に「で＋いらっしゃる」の用法がある。

⑬「もう、お寝みでいらっしゃいますか」
⑭「あの本、お持ちでいらっしゃいますか」

ごく簡単に言う時には「＋です」の法がある。

⑬「もう、お寝みですか」
⑭「あの本、お持ちですか」

男性風のもの言いになるが、むしろ事務的にさっぱりとし、非礼にもならない。ここで思うのだが、敬語を使う時には、無理な、使い馴れないことばを用いない方がむしろいい、ということだ。相手への敬意があれば、自然と出てくるはずのものだからである。なるべくきれいな日本語を使おう、という思いさえあれば、あとは、きれいな言葉づかいの人のことばを耳にとめ、なるべくすらりと聞き易い「私流」のことばを磨くのが何よりだと思う。

Study 2

〝敬意〟がことばを美しくする

敬語と謙譲語
——内と外との使い分け

この文章を載せはじめてからすでに三年が経つ。この間、敬語の崩壊は無惨なまでの速度で進んでしまった。中でも、最初のころに触れた「あげる」「下さる」「いただく」など、通常語的な敬語が最もひどく混乱しているようだ。同時に謙譲語として使われる「内向き」のことば、「やる（遣る）」「くれる」「もらう」などの「ことばづかい」のTPOが、あらゆるところで崩れているのに気付く。

いまさら言ってもはじまらない気もするのだが、一般の会話体の中で、きちんとした「使い分け」を知っていることは、誰にとっても必要なことであろう。

若い女の子などに聞いてみると、男女共学、男女同権の中で育って来たことから、男女間のことばのちがいを「不平等」ととらえ、親からも学校からも「ことばのしつけ」を受けることなく過ぎた例が多いのである。

社会に出ることになって、はじめて「入社試験」用に急ごしらえの「あいさつことば」を身につけ、「ことばづかい」と「敬語」に注意を払うようになる。入社すると、大組織の場合は特に、研修によって接客用の「敬語づかい」を、マニュアルとして叩き込まれる。商店などでも、接客用のことばとスマイルは不可欠とされる。

十年程前までは、態度、行儀、敬語づかいなどができるかできないかは、「採用条件」であったが、現今では「研修」の必須課目になっているそうである。家庭で「ことばのしつけ」をしない、というよりも、母親の世代がすでに「ことばのしつけ」をしようにも、自分では教えられない世代になっているのが現状であるという。生活習慣の「しつけ」と同時に行われてきた「ことばのしつけ」は、すでに崩壊が広範囲に及んでいるのだ。

この間、アメリカ大リーグから帰国した松井秀喜選手のインタビューのニュースをＴＶで見たが、人柄もむろんだが、さすがにきちんとした敬語、謙譲語を使い分けているのが印象的であった。その中で彼は、

「多くのファンの皆さんが応援して下さったので、いい成績をのこせたと思います」

と言った。「ファン」が「応援して下さった」と、はっきりそう言ったのだが、ＴＶ画面の下に流れるテロップには、

「ファンの皆さんが応援してくれたので」と翻訳（?）されていた。最近のテレビにはよくこの手の悪しき翻訳が流れるし、昔は絶対的な校閲力を誇った「朝

日新聞」も、最近では時々到底ガマンならぬ敬語無視が多くなった。

ただし、堕ちるところまで堕落すれば、民族の文化はまた自然に復活する面もある、と私は信じたい。人を敬い、自らの謙虚さを保つ日常文化の美徳が、このまま消滅するとは思いたくないのである。

せめて松井秀喜選手が、あの謙虚な態度で、

「ファンの皆さんが応援して下さったから」

と発言した自然さが、人々に好感を与えている間に、少しでも、「日本のことばの文化」を何とか次代に、美しい形で伝えたい、と心に祈るばかりである。

以前にも述べたように「敬語」とは「上下」関係、とばかり考えることはないのである。むしろ自分を中心とした周囲の中で、「内」と「外」を弁別《べんべつ》する、つまり親しい「内」なる範囲と、それ以外の「外」の世界のちがいを弁《わきま》え、「内」は「外」に対して敬意をもって敬語を用い、「内」を話題とする時には謙虚な態度で謙譲語を用いることによって、人と人とのつきあいは、思う以上にスムースにいく。

人に敬意をもって接すること、自らは謙虚な姿勢を保つこと。たったこれだけ

の心の姿勢を心がけるだけで、おのずから敬語を使い分けることができるはずである。

さらに「上下」であっても決して悪いことはない。「年長者」を大切にすることも大切なマナーである。家庭では両親や祖父母を敬愛するのは当然のはず。「長幼序あり」として兄姉が弟妹を愛し、弟妹が年長者をたよるのは人間の自然なのである。父母兄姉弟妹は、社会の縮図である「小社会」を形成しているのだから、独立する前の準備期間としてはこれに優る練習台はない。私など、四人姉妹の末子であったから、可愛がられもした一方、一人に注意される所を三倍注意される。食卓では長姉から順に大皿が回ってくるので「いつもがまんの子」だったようにも思うが、いまふり返ってみると、姉たちが私の好きなものを自らの皿から頒けてくれたり、先に取り分けてくれたり、遊び相手になってくれたりすることも多かった。マナーにうるさい食事の間は静かでも、食後のひとときは、その日の話に花が咲き、子どもでも「分《ぶん》を心得た」参加を許される。こうして年長者から自然に「口の利き方」「話の限度」「声の制御」などを学習する。いわば毎日の食事時間が「茶の間のマナー教室」だったわけで、そこで習ったものは「上下」のマナーと同時に「内」と「外」の使い分けのマナーでもあったと思う。

ところで、「外」と「内」をどう使い分けるか。

①たとえば会社の場合。外からの電話で、

Ⓐ外「もしもし、○○ですが、秋山社長はいらっしゃいますか」

内「はい、在社しております。少々お待ち下さいませ」

Ⓑ外「もしもし、○○だけど、秋山社長いる?」

内「はい、いらっしゃいます。ちょっと待ってて下さい」

これなどは明らかにⒶは筋のよい会社の会話、Ⓑは格の低い会社、と一目瞭然だろう。Ⓐの例では、「いらっしゃいますか」は敬語、「在社しております」は謙譲語。「お待ち下さいませ」は相手に対する敬語。社内では社長と女子社員の間に上下関係があるが、外部からの電話に対しては、社長、社員は「身内」の関係にあるので、「おります」の謙譲語を使うのが常識だからだ。

しかし、万一これが社内電話であって、○○常務から秋山社長への電話だとすれば、Ⓑの会話で十分なのである。「外」と「内」ではなく、「内」から「内」への電話なら、上下関係を優先して構わないわけで、この電話に対して「はい、おります」はおかしい。社長に対して身内の人間のように言うわけだから、○○常務としてはこの女子社員と社長の間柄に疑念を抱いてもおかしくはない。

敬語と謙譲語との「使い分け」は、それほど微妙なものだ、ということを心に置いておかないと、美しい話しことばにはなりにくいのである。

前にも述べたように、「おります」の「居り」には、下に坐っているの意があるので、「います」の丁寧語にはなっても、決して敬語にはならないのである。

同じように、

②Ⓐ外「私の誕生日に、皆さん来てくれてありがとう」はこれまたおかしい。

外「皆さん来て下さってありがとう」であるはずである。「くれる」は本来恩恵としてものを渡す意があり、上から下へ与える場合に用いるので、下から上へは「献《たてまつ》る」「さし上げる」のである。同等の相手や友人なら構わないが、「女ことば」の中では「くれる」は身内に関してしか使わない。

内「この間うちの娘が私のためにマフラーを編んでくれたの」とは言っても、

外「この間、私の先生がわざわざ本を届けてくれたの」とは言わない。当然「届けて下さった」のであり、対手への敬意を払ったことばづかいをするのが聞きよくもあり、本人の人格を表わすことになる。

再々とり上げた「あげる」の語法も、十分注意して使いたい語の一つである。「あげる」は元来は敬語であり、下から上へ「あげる」のであって、いくら愛犬がかわいいからといって、「犬に餌をあげる」はおかしいのである。その際、今まで使われてきたことばは「やる」（遣る）であって、「やる」は上から下、内から外へ「遣《つか》わす」意であり、決して悪いことばではなく、「犬に餌をやる」「お小遣《こづか》い（昔はこう書いた）をやる」「子供に服を買ってやる」のが当然なのである。

自分の子供のことを他人に話すのに、

③内「ウチの子に入学式の洋服、買ってあげたのよ」

では、身内の子に敬語を使っているのだから、聞く方が妙な気分になる。愛犬に「餌をあげる」という敬語を、平気で用いる人の気が知れないと同じく、わが子のことを他人に話すのに敬語はおかしいのである。それなら、

内「ウチの子が学校へお出かけになった」

などと言ってよいものだろうか。

現今は「やる」は悪いことば、という偏見がまかり通っていて、「やる」を使うと「ことばが悪いのね」などとしたり顔に言う奥さんたちが多いが、自分たちこそ、ものを知らないのである。他人がいくら「子供に買ってあげ」ても、私は「買ってやった」と言うだろう。「お嫁にやった」とはいっても「お嫁にあげた」

とは言わない。犬には餌をやっても餌をあげたりはしない。

むろん、内々《うちうち》の会話の中では、子どもに向って「買って上げるわ」とは言うのだが、これは会話の中の敬語は法則よりも一段高いものが使われる習慣があるので、少しも構わない。人前で、身内の者のことを話すのに敬語つきはおかしい、と言っているのである。

ところで、これまたＴＶの話だが、政府に近い代議士二人に、ある解説委員がインタビューした中で、さる高名な代議士が、女帝問題に触れて言った。

「まあ皇族の意見も聞いてやらないと……」（!!）

犬に餌を「あげ」て、皇族には聞いて「やる」の？　常識以下である。

「やる」はわるいことばではないが、敬語としては使わないのはもちろんである。身内の謙譲語であること、ゆめゆめお忘れなく。

敬語の意味と「御」

TVを見ていたら、近ごろ人気者の〝おやじダンサーズ〟とやらが、たのしそうに歌いながら踊っていた。

〽若者をみんな受け入れよう、敬語ナンカできなくても……

一瞬だったから詞は正確ではないが、少くともそういう意味の歌であった。ほんとにその通り。少しくらい敬語ナンカできなくとも、できないことを恥しがる必要ナンカない。だからといって、ヘンな使い方をするのは、やはりおかしいのである。

敬語にこだわるのは、日本人の伝統的文化と微妙に関わりがある。それより大切なのは、敬語には、人に対する敬意、人間相互の間をむすぶ思いやりといたわり、自らを少し控えめにして、相手を大切に考える寛容、などが根本にあるということ。

昨今のこの乱れようをみると、岡井隆の短歌、

O tempora, o mores!《なんたる時代、なんたるモラル！》と我が国の女は叫びわれは叫ばず

のごとく、〝なんたるモラル！〟と叫びたくなってしまうのである。モラルといえばすぐに〝道徳〟と訳したくなり、戦前、戦中の〝修身〟の教科書を思い出す人もあろうけれど、人と人との〝つきあい〟〝すり合わせ〟の中に自然に生まれる集団社会の、安全弁としての規律のようなもの、と思ったらよい。

人間、誰でも等しく一人裸で生まれ、一人裸で死んで行く。その短い人生の中で、ほんとに孤独か、といえば、必ず他者との関わり合いの中で生きる他はない。どんなにいま威張っているお髭のおじさんであろうと教祖であろうと、生まれて平均十三ヵ月は、人手を借りなければ生きられない。母乳が要り、保護が要り、他者の愛が要り、生きて行く環境が要る。決して「オレの勝手」で生きて来られたはずはないのである。

岡井隆の歌では、女は叫び、男たる岡井は叫ばないのだそうだ。黙って世の推移を見ているのか、叫んだって何の足しにもならないと言っているのか、それが時代さ、と言うのか、女はうるさいねと言っているのか、鑑賞は自由である。この歌は「キケロ」一連の中にある。キケロはローマ時代の雄弁家。題名となったキケロのように、修辞によって人を納得させていくのが、ことばを扱う者の本来の姿だと言っているのかもしれない。

しかし、ともあれ、私自身は、決して昔の敬語を使え、と言っているわけではない。人間としての、他者への敬意、自らの謙譲、人間としての尊厳を忘れたくない、と言っているのである。

昨今の人と人とのことばのやりとりが、あまりに自分勝手であり、汚いのに、私自身傷ついてしまう。これはおかしい、と言いたいのだ。ほんのちょっと人に対して譲る気持、いたわる気持、人間存在に対して、また形而上的存在に対して、敬意を忘れないこと、それがあれば、人の世はもっとスムースに、こころよくなるのではないか。ことばも美しくなるのではないか。

敬語は、洗練された会話には不可欠だと思う。会話は、人と人との意志を疎通させ、心をあたためる。が、近ごろの会話は人の悪口を言って鬱積《うっせき》したものを発散したり、勝手にしゃべり続け、人を傷つけても気付かない。最近、喫茶店や電車の中で、大声で他人の欠点をまくし立てて恥じないおばさん族がいる。こんな母親に育てられた子どもたちの精神生活、情緒などは、どんなことになるのか。おそろしいのである。十年前はこんなふうではなかった。少くとも人に対する敬意が、ちょっぴりでも存在した。

鎌倉時代、北条泰時が定めた「御成敗式目」では、他人に対する「悪口」について、重い罪科が課せられた。流罪・財産没収もあったという。武士の精神は、互いの誇りを重んずるところにあった。が、昨今、時代相は進歩するどころか、社会のルールさえ知らない人がふえ、また野放しになっている。人間相互の敬意を、何とか取り戻せないものか。

敬意のこもらない敬語ほど、無意味なものはない。

コマーシャル・ベースのことばの中には、むやみに丁寧語を使う悪い習慣がある。そのひとつの「御」をとりあげてみよう。

「御」の訓《よみ》には「お」「おん」「ご」「おほむ」などがある。『源氏物語』の原文を読む時、「御」が多いのでひどく難渋することがある。声に出して読まなければ「物語」にならないし、事実昔は女房が物語を読みきかせ、姫君や若い女房たちは、絵巻物をひろげながらそれを聴いたという。紙芝居のようなものである。

現今の劇画なども、その系統に入るかもしれない。ともかく最初の一行から、「いづれの御時《おおんとき》にか、女御、更衣あまたさぶらひたまひける中に、いとやむごとなき際《きは》にはあらぬが、すぐれて時めきたまふありけり」（桐壺）とある。この「御」は「おほむ」であり「オオン」と発音する。その他に、「御《み》心《こころ》」「御腹《おんはら》」「御《おん》かたち」「御前《おまえ》」「御前《おほむまえ》」「御覧《ご》じ」「御息所《みやすんどころ》」などなど、読みわけが難しい。漢語系の時は「ご」、天皇に関しては「御《おおん》」、和語の前には「み」が原則ともいうのだが、写本の研究などによって「御局《みつぼね》」「御遊《ぎょゆう》」「御諫《おんいさ》め」など、類推によって定着している「訓《よみ》」もあり、又、「御」はかな書き以外はみな「おん」と読め、と言われて音読すると、ページごとに「御」が七つも八つも出て来て、「オン、オン、オン」と耳ざわりなことこの上ない。それほど「御」は古くから数多く用いられて来た。

たとえば「御」は名詞の下につける敬称になることもある。曰く、女御《にょうご》、時代が下がっては嫁御《よめご》、姐御《あねご》。ちなみに姐御に対して兄貴《あにき》の「き」は「君《きみ》」である。

現代定着している語の中では「おみおつけ」は代表的なもの。「お」は「大」（旧カナおほ、新カナおお）、「み」は「御」だから「いずれの御時《おほむとき》」と同じく「おおみおつけ」で、漢字表記なら「大御御《おおみお》つけ」である。「つけ」には、「共に居させるもの」「二つのものを一体とする」の意があるから、ご飯と共に常に付

物としてある汁、という意になろうか。今では多くの人が「味噌汁」というのも何か味気ない。

ついでに言えば味噌は朝鮮語から出ていると辞書にはあるが『和名抄』に「美蘓」とあるところをみると、これは御《み》蘇《そ》なのかもしれない。蘇はチーズのこと。軟かな所が似ている。

「ご」で目立つのは「ゴキブリ」。語源は「御器《ごき》舐《ねぶ》り」で、夜出て来て食器をねぶる（なめる）ところから出ている由。

敬語は差別語、敬語は不用、という派の人であっても、日常茶飯の内に、「御」はたくさん使っている。関西では、食べ物をはじめ、何にでも「お」をつけて親愛と敬意を表す。「お鯛」「お芋さん」をはじめ東本願寺を「お東さん」と呼ぶ、といった具合。むろん東京でも女ことばとしては「お寿司」「おそば」「お玉（玉杓子）」「お弁当」からはじまって日常語の中では多くの「御」が名詞に冠せられている。

TVで女性タレントがつるつると江戸前の蕎麦《そば》を食べて、もぐもぐしながら、

「わあっ、このそば、うまい！」

と言ったのには驚いた。これも男女共学の男ことばの影響？

「わあっ」という品のない奇声を先立てるのは、実感としてがまんするとして、

「わあ、このおそばおいしい」

くらいにはやわらかく言えないものかな、と思うのは、当方が「古くてやってらんない！」の域にいるせいか。

「お鰻《うな》」「おちらし」（ちらし寿司）になってくるといくらかうるさい感じがする。昔、女学校時代の新任の女の先生が、地方出の方で上司にことばを注意されたのか、やたらに「お」をつける。戦前のことだから、「お裁縫」「お通信簿」「お体操服」「おリボン」など、「お」が充満していたが、その先生が「お洗面器」

と言われた時には生徒たちはびっくり、以後「オセンメンキ」がその先生の仇名になった。

現代では「お」も目に見えて減ったが、それでも「お」は、対象物に対する親愛の気持があって捨て難い。女ことばは時代の文化である。あいさつひとつとっても「お先に！」と小声でひとこと言うだけで、相手の気は和《なご》む。「お」は、相手の受け方をやわらかにする効果をもつのである。

それがあまり重複しすぎるとうるさくなり、サービス業の業界用語のように、馬鹿丁寧になって、客の方が白けることになる。九十歳で亡くなった老母がよく怒っていた。

「いやぁね、何でいまの人って〝お召し上がり下さいませ〟って言うの？　召、すだけで十分なのに。昔は〝召し上がれ〟とか〝召し上がって下さい〟と言ったの。〝オメシャガリ〟なんてヘンなことば無かったわ」

今日もテレビCMが仮面笑顔で薦めている。

「どうぞよく冷やしてオメシャガリ下さいませ!!」

繰り返して言いたい。敬意が心になければ敬語はいくら重ねても意味がない。

人間の尊厳、生きて行く上での人とのつきあいに謙譲、つまり謙遜と譲り合いのルールがなければ、文化的な社会は成り立たない。性格ムキ出しのゴツゴツの人間像からは、文化は生まれない。敬語が使えるということは、人間が生に対して真摯《しんし》であり、他人に対して思いやりに富むということなのである。日本語の美しさの中には、このルールに則った、洗練された文化性があり、それを失いたくない、と私は思うのである。

謙譲語 ――「いただく」「致します」

週に二度ほどわが家に通ってくるAさんは、勤めはじめてから十余年、今では留守がちのわが家のヌシのような存在だが、彼女がある朝笑いながらこんな話をした。通勤の電車の中で、立ち上がろうとした際、ライトザックの紐が、隣の乗客の腰に敷かれていたため、ぐっとひっぱる形になった。思わず、

「あ、失礼致しました」

とあいさつしたところ、その中年女性が、

「いえ、こちらこそ」と返してから
「ああ、久しぶりでいいおことばをうかがいました」

と笑みをうかべて言ったのだそうである。Aさんは、〝いい言葉〟とは、あいさつそのものを褒めたのかと思ったが、

「失礼しました、は聞きますけれど、最近〝失礼致しました〟という方が少いので」

と言われて驚いてしまった、というのである。

「〝致します〟ということばさえ珍しくなってしまったのですかねえ。そのくらいは私だって使うのに……」

出版のご案内

養老孟司著
I KNOW YOU 脳
定価1470円（本体1400円）

恋と科学。幽霊と発明。理屈では解決できないヒトの不思議を、解剖学のメスが縦横無尽に切りさばく。目からウロコがすっきり落ちる、読後感爽快のエッセイ群。コトバのメスのプロフェッショナル・養老孟司の決定版。

養老静江著
ひとりでは生きられない
紫のつゆ草——ある女医の95年
定価1470円（本体1400円）

有能な弁護士の夫人となり二児をもうけながら離別、年若い男性と新しい道を歩みはじめた女医を待ち受けていたのは戦火と病魔そして——。女医の草分けとして九十五歳まで診療をつづけた著者が、その激しくも美しい生涯を綴る。『バカの壁』の著者養老孟司は二男。

三木　卓編・吉野晃希男画
こころにひかる物語Ⅰ・Ⅱ・Ⅲ
定価各1890円（本体1800円）

誰にも忘れられない灯がある。それぞれ三十名の豪華執筆陣が、あかりにまつわるさまざまな思い、エピソードを綴る珠玉のヒューマン・エッセイ集。読者の心に、いつしか灯をともしてくれる一冊。全話カラーイラスト入り。

辰巳芳子著
味覚日乗

「食文化はあらゆる文化の母胎」という著者が綴る、四季折々の食の知恵、そして心。時代が変わっても、決して変わることのない「食の本質」を、具体的手法を交えながら細やかに著す料理研究

三木　卓著

鎌倉日記

定価2100円（本体2000円）

仕事場を鎌倉雪ノ下に移してから、日常にとことなくゆるやかな「鎌倉時間」に。うつろう季節、ざわめく街角、たたずむ歴史に、著者は町の息づかいを知る。鎌倉を愛し、鎌倉に暮らす作家のつづる、すばらしき日常。月刊「かまくら春秋」好評連載を一冊に。

山内静夫著

松竹大船撮影所覚え書　小津安二郎監督との日々

定価1575円（本体1500円）

小津監督に師事し、プロデューサーとして活躍した著者の、いまはない松竹大船撮影所へ寄せる愛惜の書。撮影所につどった人びとの人間模様とともに、日本映画の盛衰を語って貴重な資料にもなっている。巻末には、撮影所をめぐる山田洋次監督との対談も。

斎藤　栄著

鎌倉ミステリー紀行

定価1020円（本体971円）

新田義貞の宝剣、頼朝の死、実朝の暗殺…鎌倉の歴史に秘められた数々の謎。巷間、今なお語り継がれる伝説にミステリー作家が挑む。ゆかりの地にたたずむ著者の脳裡をよぎるのは果たして？　冴えた推理が今、時空を越える―。

鎌倉ペンクラブ編

鎌倉かるた

定価　1500円（税込）

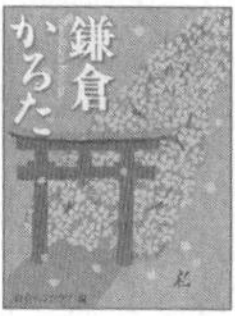

遊びながら鎌倉のことを学べる。全国から寄せられた三千を越える応募作から選ばれた四十四枚の読み札に、鎌倉とその周辺に在住の一流の画家、作家、学者ら二十三人の会員―平松礼二、横山隆一、尾崎左永子、河竹登志夫、大津英敏、早乙女貢ほか―が絵を描いた。

かまくら春秋社

書店番線印

書名

氏名

住所

TEL　（　　）

定価

月　日

●お客様へ
小社書籍をご希望の方は必要事項を記入の上、お近くの書店にお持ちください。

別冊かまくら春秋

文士の街鎌倉で育まれた
月刊誌「かまくら春秋」好評の別冊

別冊かまくら春秋
追悼　素顔の里見弴

彼の九十四年に及ぶ生涯は、明治・大正・昭和という時代を文学と芸術への情熱だけをもって生きぬいた一生であった。人への慈しみを常に忘れなかった里見弴の魅力を余すことなく伝える追悼集。寄

ちょうどその日、フジTVのアナウンサーの「常識」を試すクイズ番組があって、上司、新人、入りみだれての混戦であったが、その中に「敬語」の中の「尊敬語と謙譲語」の使い分けの問題が出た。課題に「食べる」の謙譲語は何と言うか、というのがあった。

するると、驚くことに、四人のメンバーの内、誰も正解がなかった。新人からはじまって、管理職の上司に至るまで、全員が「召し上がる」と書いたのである。「召し上がる」とは尊敬語であって、

「チーズがありますが、召し上がりますか」

などという。むろん、

「チーズがありますが、食べますか」

ではあまり直接的で、とくに食に関することは本能的欲望直結の一つであるから、粗暴で乱暴にきこえるのである。

「チーズあるけど、食べる?」

などは、内々ならよいが、学生ことばに近い。「食う」より「食べる」の方がまだましだが、「召し上がる」という敬語は今でも使われる。しかしこれも「お召

し上がりになる」となるとあまりに馬鹿丁寧である。前にも書いたように、明治生まれだった母が「どうしてこのごろ〝オメシャガリ下さい〟なんて言うの？」とよく怒っていたのもそれだった。ＴＶのＣＭに出てくるたびに、買い手を馬鹿にしている、と言うのである。

それにしても、「食べる」の謙譲語は何か、という設問に対しての答が皆無だったのにはほんとうに驚いた。言うまでもなく、「食べる」の謙譲語は「いただく」である。

「チーズ、召し上がりますか」（尊敬語）

「はい、いただきます」（謙譲語）

なぁんだ、という人も多いだろうが、この使い分けの意味をきちんと理解しておくことは必要であろう。

「チーズ食べます？」

「はい、食べます」

英語直訳体のようで、この方がわかりやすくていいじゃないか、という人もあろうが、英語でさえ、eatを避けてtakeやhaveなどを使う。やはり本能直結型の

語彙は、心して使うのが教養人のあり方であろうかと思う。

このTV番組で落ちこぼれたアナウンサーが、くやしまぎれに

「大体、謙譲語って何だ!!」

と叫んでいた。大学を出て報道ジャーナリストになって話しことばを専門とする人でさえ、こうなのである。「謙譲」を「へり下《くだ》る」などというからいけないのである。相手に対して、というより、人間全体の中で「謙虚」であること、相手を尊重すること、それが「謙譲」なのだから、現今のように「オレがオレが」の世の中にはふさわしくないのかもしれない。が、「謙譲」

は、ほんとうに自信を持つ人でないと持ち得ない態度である。人に譲る、一歩譲る、という大らかで和やかな気分を、日本人は忘れ過ぎた。人より先に口を開き、人より前に特売場を漁り、人をおしのけて一流大学とやらに子どもを入れようとし、何でも得をしようとする。人間の一生など、たかの知れたもので、長生きしても七、八十がいいところである。のこりの時間は、少しでも快い人間関係の中に生きたい、いくらか温みのある人間性を保ちたい、と思うなら、ことばの精神性をもう一度見直すべきである。

敬語というものは、相手との関わりをスムースにもし、品格のあるものにする。〝謙虚〟であることは、自らの心や行動に、洗練を課することでもある。最近「ゆっくりイズム」というのが流行し出したのも、『論語』などの漢文が見直されはじめたのも、心の基本、行動の基本に「秩序」が求められている証拠だろう。

この「いただく」という謙譲語は、同時に相手に対する敬意を有するから、「相手」が身内である場合には使えないことも心得ておきたい。たとえば、

「この服は母から買っていただきました」

は、誤りである。「いただく」が敬語になるからだ。

「この服は母から買ってもらいました」

「この服は母が買ってくれました」

でないと、「ことば遣いを知らない」と軽くみられてしまう。「くれる」「もらう」は身内や目下の人からの行為に対する語であり、目上の人からの行為は「下さる」「いただく」と表現する。

ちかごろは「父」「母」といわずに、身内のことであるのに他者に対して平気で「お父さんが……」とか「うちのお母さんは……」という。テレビのお茶の間化の影響なのかもしれないが、これも成人になったら少くとも目上に対しては「父が」「母が」と口に言えるような「しつけ」は、家庭でしておくべきことだろう。成人した男性が「うちのママが」などというのを聞くと、世も末、という感じがする。

ところで、うちのAさんが珍しがられたという「致します」は、一種の「丁寧語」であるが、「謙譲語」でもある。わかり易いように『広辞苑』から引用してみよう。古くは「及ぼす」「つくす」「もたらす」などの意であるが、現代語とし

ては、

①「する」を丁寧に、また荘重に言う語。例「よい香りが致します」

②「する」の謙譲語。動作を表す漢語名詞、または動詞の連用形の下につけて用いられることが多い。相手に働きかける意味の場合は上の語に「御」や「お」をつける。

「永う御奉公致さうと存じて御ざるが」「ゆるりと休足をも致さうと存ずる」（狂言「人馬」）「お伺い致します」「欠席致します」「すべて私が致します」などの例があげられている。

これによれば、前述のAさんの「失礼致しました」は②の「動作を表す漢語名詞」につく場合に相当するのだろう。「失礼」すなわち「礼を失した行為」であるからである。「こりゃ失礼いったしやした」といった発音で言う「これは失礼いたしました」は、江戸弁としてよく使われていたし、近年ではバラエティー番組で人気の高かったドリフターズの加藤茶が定番のように用いて笑いを誘っていた。

「失礼」ということばも最近は減ったが、なかなか便利なことばで、人とぶつかった時など瞬間的に「あ、失礼！」と言えば済んでしまう。「あ、ごめんなさい」などよりよほど格があって、短いだけに言い易い。これは今でも男女共年配の人は使っているが、のこしてよいことばのように思われる。

男性の方で使う同様のことばに「失敬《しっけい》」というのがある。これは親しい仲とか目下の人に対する語として用いられることが多いようで、「お待たせして失礼した」という時などに「やあ、失敬。待たせたね」という風に用いられる。また戸の入口で行き合って、先に通る時などにかるく「失敬」と声をかけたりする。「失礼」は先輩にも言うが「失敬」は先輩に対して用いると、それこそ、

「あいつは失敬なやつだ」

などと思われてしまう。

しかし、この言い方も最近ではほとんど聞かないが、多くは「失礼」に統合されたと思われる。

蛇足だが、戦前、いわゆるヘイタイさん（陸軍の兵士）の右手を軍帽の庇《ひさし》にあげてする敬礼を真似するとき、子どもたちはなぜか「シッケイ！」と声をあげていた。その動作のこと自体も「シッケイ」と呼んでいた。そういえば加藤茶も「こ

りゃ失礼いたしやした」と言う際、軽くシッケイの動作をしていたと思うが……。

さて「いただく」という謙譲語について、『広辞苑』は、

①「もらう」の謙譲語。賜る。頂戴する

②「……してもらう」の謙譲語。「教えていただく」「ご覧いただきたい」

の例の他に、

③「食う」「飲む」の謙譲語。

として別立てにしていることを確認しておこう。「食べる」はもともと「たぶ」で「賜《たまわ》る」意であるから、「食う」の丁寧語ではあるが、時代が下がるにつれて「頂戴する」意の「いただく」の謙譲語に定着したと思われる。

「ございます」のルーツ

会話の語尾の丁寧語として最もふつうに使われているものに「ございます」がある。

現在でも一般に使われる形としては、

①「おはようございます」

②「ありがとうございます」

などがふつうの会話として通用しており、これは敬語知らずの世代でも、ほぼ全国的に使われている。TV局などではあいさつとしては朝昼晩にかかわらず「おはようございます」というので、一種の業界用語になっており、地方出の若い俳優の卵たちが、いかにも業界人間だぞ、と言わんばかりに「おはようございます」を連発するのを見かける。この場合は、朝のあいさつとしてではなく、「お早いお入りで……」というような、楽屋入りの早さを迎えるねぎらいのことばから出たのかと思われる。

一方、朝のあいさつとしては「朝早くから御精《ごせい》が出ますね」といったニュアンスがあるのかもしれない。ヨーロッパなどでは「グッド・モーニング」にしても「グーテン・モルゲン」にしても或は「ボン・ジュール」にしても、「いいお天気ですね」といったことばが多いように思うのだが、日本はさすがに働き者の民族（現在は怠け者民族になり下がったかもしれないが）だけのことはある。というよりも、早暁に星を戴いて働きに出、日没までは仕事にはげむという、農耕民族の習慣がのこっているのかもしれない。

王朝時代までは朝堂院があり、朝廷ということばもあるように、政事《まつりごと》は日の出と共に行われるのが本来の形だったとも聞く。灯火が無く、灯火があっても高価だった古代の生活の中では、早起きこそ賞讃されるべき価値のあるものだったのだろう。戦前、式部官を勤めたことのある父から聞いた話では、元旦の早朝、まだ暗い内に、賢所《かしこどころ》で四方拝《しほうはい》が行われる時に、身を切るほどの寒気の中で儀式が進められ、その早暁の冷気の荘厳なことは、他に類を見ない厳粛さがあったという。出かけて行く時、父の靴の爪先に、唐辛子を真綿で包んだものを、母が入れていたのを覚えている。寒さを防ぐ意味があったのだろう。ホカロンなどない時代だった。

そういう事例を含めて、早朝のあいさつに「おはよう」が使われていると思うと、そうそう気軽にあいさつするのも申しわけないような気がしてくる。一語一語の背後に永い歴史があることを、改めて感じるのである。

また、「ありがとうございます」の方は、これも一日に何度も聞くことばである。

「毎度ありがとうございます」と尻上がりにいう、デパートの呼び出しの定番フレーズもあれば、選挙宣伝カーの連呼する「ご声援ありがとうございます」もある。そもそも「有り難し」から出ていることばなのだから、「なかなか無い」意が原義で、珍しいほどの相手の好意に対する感謝が「ありがとう（有り難くございます」なのだ。「ありがとうございます」も、単なる挨拶語となってしまっているが、本来、もっと大切にやりとりされることばであったはずである。

ところで、この「ございます」とは何か。

「御座候《ござそうろう》」という、男の手紙文の語尾を見知っている人もまだ多いと思うが、「御座ります」が「ございます」に音便化したものだという。「御座る《ござ》」とは、NHKの人気番組「お江戸でござる」などにも使われている。「御座」はもともと、貴人の「お坐し《まし》」所《どころ》の意だが、昔は「おはします（おわします）」と訓読する表現法があり、それを音読したものが「御座在る《ござある》」（御座におわします、いらっしゃるの意）となり、「御座在り申す」が「ござります」「ございます」に転訛していった。

辞書によれば「ございます」は「ある」の丁寧語、とある。とすれば「ありがとうございます」は、「有り難くあり申す」なのである。

『枕草子』の「ありがたきもの」の段には、

「ありがたきもの　舅《しゅうと》にほめらるる婿《むこ》。また姑《しゅうとめ》に思はるる嫁の君。毛のよく抜くるしろがねの毛抜《けぬき》。主《しゅう》そしらぬ従者《ずさ》……」

とある。まったく、娘の父親は、婿さんに娘をとられたようで何となく不機嫌な人が多く、婿をほめる父というのは「ありがた」きものではある。姑と嫁の仲は、現代では〝戦争〟と言われる位、ありがたい。毛抜もまた、細い毛をしっかり摑むものは、今の世でもめったにないし、従者下僕の類は、つまり今でいう部下や使用人は、何かというと上司や雇用主の悪口を言う。昔も今も変らぬ人間関係である。その仲がうまくいっている場合が「有り難い」のであって、そこに感謝の一語も生まれようというものだ。そこではじめて「ありがとうございます」が、感謝の辞となるのである。やはり「御座在ります」を付けなければならないだろう。
明治以降、昭和戦前あたりまでは、山ノ手の邸町でも、下町の大きな商家でも、「ございます」ことばは、一般の語法として使われていた。「です」ことばが一般化してきたのは、帝都といわれた東京が次第に戦時色に染まっていったころからではないかと思う。それ以前は、「です」ことばは品のないことばとされていた。「です」の出所はよくわからないのだが、「で」は「にて」が約《つづ》まったもの、「す」は「候《そうろう》」で、「で候《そろ》」から転訛したともいう。「でござります」から来たという説もあるようだ。いずれにしても、「です」はあまり品位のある語法ではなかったのである。

例《ため》しに『広辞苑』の引用例をひろってみよう。

①狂言では、おもに大名、山伏などの名乗りに使い、尊大な感じを表す。
「これは出羽の羽黒山より出たる駈出しの山伏です」（狂言〝禰宜《ねぎ》山伏〟）

②江戸後期に、花柳界の人、医者、職人などの語。
「まァ何時頃でせう」（春色江戸紫）「さうでしたか」（春色玉襷《たまだすき》）「身につまされるやうですねへ」（春色江戸紫）

などの例が見え、「でえす」「でえんす」などと使われる例もある。
「何もせぬ俺でえす」（夏祭浪花鑑）
「アア慮外ながら太夫でえんす」（加賀曽我）
　この二例は浄瑠璃本に見えているが、いずれも江戸時代の遊女、通人、男伊達《だて》などが用いた。「でえんす」が「でやんす」に、また幇間《ほうかん》（たいこもち）などのことばとしての「でげす」などの江戸語になる。「やんす」は上方系のことばで、京ことばの「おいでやす」などになったようだが、江戸語としては「さいでやんす」（然《そ》うです）などの、どちらかといえば粋筋の男ことばである。

いずれにしても「です」のルーツは江戸時代の特殊階層のことばから派生しているために、きちんとした家庭では「です」ことばは娘たちには使わせなかった。幕末になると商家で通用するようになり、明治時代に地方から新しい市民が流入するようになると、特殊社会のことばであることが次第に忘れられて、「ございます」よりも軽い丁寧語となって行った、と解説されている。

私の幼時には、まだ目上の大人と話す場合に「です」ことばを使うことがなく、「ございます」がふつうだった。小学校時代の低学年の作文が手元にのこっているが、仙石原の夏を描いた一節に「まるでお絵のようでございます」とある。いま読むとノドのあたりがかゆくなりそうだが、「お絵」も「ございました」も、小学生の作文に使われていた、という実体は、たしかに存在したのである。

この「ございます」ことばや「あそばせ」ことばは、東京では当り前だったわけだが、戦後、トニー谷の「ざんす、ざんす、さいざんす」という諷刺が大受けで、東京人は大いに揶揄《やゆ》されたし、うっかり使うと支配階層にいたという指弾があったりして、次第に「です」傾向がつよくなった。

しかし、江戸の面影をのこす下町などでは今でも「さいでござんすか（然様《さよう》でございますか）」などと使う人がいる。また「そうですか」の素気なさに比べれば、「さようでございますか」の方が、折り目正しく聞えるのはたしかである。

「ざんす」というのは、「ございます」の省略であろうが、他にも「ざぁます」族というのがいた。昭和戦前の銀座などで「ざぁます」ことばというのを使う人は、無教養な人だと商人からさげすまれたそうである。つまり当時官吏や軍人の妻などで威張りたがる者が、東京人らしく見せかけようとして「ざぁます」を使ったという。きちんとした教育をうけた人は軽く「ございます」を使ったので、いわゆる「ざぁます」族とは発音がはっきり違ったとは、さる銀座の旦那衆から聞いた話である。

それにしても「おはようございます」と「ありがとうございます」の通常語が、少くとも今ものこっているのはよろこぶべきことなのかもしれない。もっとも、どこへ行っても「いらっしゃいませ」「おはようございます」「ありがとうございます」と浴びせられるのは、スーパー、デパート、コーヒーショップ、ファーストフード店……ちかごろは銀行も証券会社も軒並、マニュアル化したあいさつとして訓練し、義務づけているからなのだろう。さて、どこまでその裏に「こころ」がこもっているのかが、今後の敬語の行方を示すことになりかねない。

清少納言の敬語論

敬語について書き進んで来て、いつも心の隅にわだかまる違和感がある。その一つに、敬語・謙譲語には、どうしても上下関係を伴うという事実がある。

戦後約六十年、日本社会はいちじるしく変革し、日本人の大方が、自分を中流階級に属すると考えるようになった。経済不況とはいえ、食べること、着ることに関しては、何とかなる。住み所も、いざとなれば公共施設がある。昭和戦前の大不況や東北の大冷害などのころは、一部の農民は現代の北朝鮮の農民たちと大差なかったのだし、戦中戦後には、都市生活者たちは大豆の絞りかすからさつまいもの葉やたんぽぽの若芽まで食べたのである。しかし時代を溯ってみると、明治維新という大文化革命を経てもなお、人々は律義に日本の社会の秩序を守り、敬語ということばの文化をも護りつづけてきた。

その中心に、変化しながらも親から子へ、先生から生徒へ、上司から部下へ、社会の「礼儀」として護られてきたのが「敬語」であった。「敬語」が使い分けられないようでは、社会訓練も家庭のしつけもできていない、として軽蔑の対象となった。教養がないと思われるからだ。

ただ、そこに身分の上下という認識があったのはたしかだろう。いま、人間すべて平等、という意識が行きわたったのは喜ぶべきであるが、ことばを以て会話をする中に、相手に対する敬意までとり除いてしまうことに、私は同調できないのである。大して親しい人でもないのに「なれなれしく」話しかける人を私は信用しきれない。近しいという認識の中にも、個人個人の存在に対しての「距離」、あるいは「一線」を置くのが、教養人としての心得であろう。

「親しき仲にも礼儀あり」という。現代では謙譲は美徳ではなく、自己主張こそ存亡の必須条件だというけれど、その主張にしても、相手もしくは聞き手の心をすなおに開かせるだけの「思いやり」「心用意」がなければ、誰も素直に受けとることはないはずだと思う。

相手に対する敬意があってこその敬語、とは、しばしばくり返してきたが、それは相手の心を柔軟にする心づかいでもあり、一歩手前でふみ止まる判断力である。それを教養ある態度というのである。土足でずかずか人のバリアに踏み込むようなことばづかいは、心ある人は決してしないはずである。相手に対して常にバリアを侵さない距離を置く、あるいはクッションを置く知性こそ、洗練された教養人の、会話の必須条件だろう、と思うのである。

それにしても、ことばの崩壊に対する歎きは、何も現代人ばかりが感じているわけではないようだ。たまたま『枕草子』を再読する折があって、中に清少納言が次のように述べているのに出会った。

「文《ふみ》ことばなめき人こそいとにくけれ」の後に、清女（清少納言のこと）はこう言う。

「手紙のことばの無作法な人は、ほんとに腹立たしい。世の常識を軽く見て勝手に書き流したことばが憎いのである。それほどでもない人の所へあまりに丁寧すぎる手紙を出すのも、たしかによくないことではあるけれど、無礼な手紙をもらった時は、自分自身の所に来たのはもちろん、ほかの人の所に来た手紙であってさえ腹立たしい。」

ここでいう「なめし」という語は、「無礼である」「無作法である」の意である。古代では「無礼」（ぶれい・ぶらい）の文字に「礼無し」（ゐやなし）の訓をほどこしている。「ゐや」（イヤ）は「敬う」（ウヤマウ）の「うや」と同根で、「敬うこと」「礼儀」をいう。よく「うやうやしく」（恭々しく）などというが、これも礼儀を重んじる意である。この「敬意」の無いのが「無礼」であり「礼儀知ら

ず」であり「常識の無い」ふるまいなのである。

さて、清少納言はさらに言う。

「大体、文《ふみ》ではなく面と対い合ったときでも、ことばが無礼なのは、なんでこんなふうに言うのだろうか、と苦々しい。まして、立派な人に対してそういうことばづかいをする人には腹が立つものだ。もっとも、田舎出の人が何も知らずに言うのは、これはこれで許せるし、馬鹿々々しくてかえってまことによい。」

宮仕えの清少納言は、都びと、とくに自らの周囲の人々に限定して怒っているのである。つまり、知識人、教養人ぶっていて、全くことばづかいの出来ていない人。これは、現代社会にも当てはまると思う。

「夫などについて、礼儀にはずれたことばを使うのも許しがたい。使用人などが自分の夫などのことを『何とおはす（いらっしゃる）』『のたまふ（おっしゃる）』などと妙に敬語をつけるのはよくない。このあたり『はべり（おります）』などと言わせたいと聞くことが多い。そう注意してやることのできる者には『まあ、不似合いだこと。気にくわないわ。どうしてそなたのことばは無作法なの』と言うと、まわりの人も当人も笑って、『あまり細かく仰せになりすぎます』などというのも、自分が恥しいせいなのだろう」とある。

「うちの主人が帰っていらっしゃったらお返事いたします」

などと言う人が、今の世にもいるし、実際、千年も前から、敬語の使い方は、馴れないと難しいものであったようだ。

ところで、清少納言が「田舎びたる者などのさあるは、烏滸《をこ》（愚）にていとよし」と書いているのにも注目したい。清少納言は、ことばの「けじめ」について厳しく言っている一方で、はじめから無教養な人に対しては、むしろ寛容なことに気付く。

要するに「洗練された教養人」たるものは、きちんと敬語を使い分けられなければならなかったのである。もし彼女が現代のTVなどを見たとしたら何と「烏滸」なる者ばかりなのかという歎きを深くしたにちがいない。

私にもこんな経験がある。

昔、三十数年前にボストン郊外のケンブリッジ市に住んでいた時のこと。当時はフルブライト資金などの学資を得て、研究留学をする時代で、妻子を連れていくのはまだ憚《はばか》られる御時世だったが、幸い私は三歳になったばかりの娘を連れて、留学中の夫の許《もと》へ合流することができた。はじめての外国で、見るもの聞くものが珍しく、日本では当時三百円もしたグレープフルーツが、一山六ヶで一ドル（当時のレートは一ドル三六〇円）なのを見つけて、狂喜して毎日毎日食べたことなど、今思ってもなつかしい。

その地で私はミヨちゃんという一人の日本人女性と知り合った。いわゆる戦争花嫁の一人で、米軍のGIと結婚して渡米したが、苦労の末離婚、二人の子供を育てながら、今は中国華僑と再婚したという、小説のヒロインみたいな女性だった。英語も学校で習った発音でなく、体当りの実用英語だから、「ビジネス」を「べゼネス」と発音するという人だったが、たくましくて、積極的で、それに私の英語などよりは「べゼネス」の方が、よほど世間によく通じるのである。

彼女は私をくみし易しと見たのか、あるとき自分の生い立ちを語りはじめた。

「あたいさァ、日本に帰りたくないんだよネ」

「どうして？　おうちの人いるんでしょ」

「うん。あのネ。うちんち、小ちゃな豆腐屋やってんだよォ。トーフ屋って、朝早いんだよね。父ちゃんも母ちゃんも、四時ごろ起きてさァ。冬で雪ふってるときだって、冷たぁい水に手ェ入れてさぁ。……ああ、ヤダ、ヤダ。……あたいネ、だからさァ、日本から逃げ出したの」

思わず見たミヨちゃんの指は、まっかなマニキュアに染められていた。口紅も真紅である。私は肯きながら延々とつづく彼女のつらい経歴を聞かされていた。アメリカ兵と腕を組んで歩くような女、と蔑《さげす》まれたこともあっただろう。異国で離婚して、途方にくれたこともあったろう。しかし、この独立独歩の生き方を、誰も責めることなどできない。この破れかぶれな話しぶりを、誰が咎《とが》められよう。

「ことばの尊厳」とは、「敬語」に在るわけではないのだろう。その人の生き方に関わってくるのである。

清少納言は「下衆《げす》のことばは必ず文字余れり」とも言っている。敬語を考える前に、まず「言うことをしっかり短く言う」訓練の方がよほど大事なのかもしれない。

それにしても、と私は思う。ミヨちゃんの「そいでさァ」「あたいさァ」といった字余り的口調の、何とあっけらかんとして直截《ちょくせつ》的だったことか。

手紙の敬語

春も過ぎて、各会社の新人が各部署に配属されるころ、時々、びっくりすることが起る。

ある雑誌社から、自筆の依頼状が届いた。

「先生、こんにちわ〜〜♥ ○沢よう子で〜〜す。はじめまして！」

横書きのレターはこういう書き出しであった。新鮮といえば新鮮。失礼といえば失礼。ばかばかしくもアホくさくもある。上司はまさか、こんな手紙が届いていようとは、ゆめにも思っていなかろうけれど。

新人研修の際に、あいさつの仕方やことばづかいは一応教えられたのだろうとは思うが、教える方もたいへんなんだろうな、と、妙な同情をしてしまった。

私自身は自由業だから、そうそう「型」に捉われる方ではないのだが、何が私を仰天させたかといえば、要するに学生の「友だち感覚」がそのまま社会人としても通用すると思いこんでいる、その「けじめ」の無さにある。「ことばの使い分け」ができないようでは、社会人として一人前とは言えないのである。

ところで、それでは、どういう手紙なら気持よく受け取れるか、改めて考えてみて、かえって私は考えこんでしまった。

この手紙、社名入りの便箋に、自筆のペン書きである。「〜〜♥」も、よく見ればなんともかわいらしい。ワープロでマニュアル通りに、「日頃は一方ならぬお力添えを賜り、感謝申し上げております。さて、このたび、下記のようなお願いがあって筆をとりました……」云々。という書き出しだったら満足なのだろうか。この新人嬢の方が、よほど気持は素直なのかもしれない。

が、待てよ。一々、こんな妙にインパクトの強い手紙にドッキリさせられていたら、こちらのペースが狂ってしまう。古来、手紙に一つの「型」があるのは、お互い、なるべく相手のペースを狂わせない「気配り」によって生じたのだろう、と気がついた。

Eメールや携帯電話の書き込みなどの急激な展開に伴って、通信手段はスピード化し、ことばは記号化、簡略化されつづけている現代だが、一部ではむしろ手紙のもつ価値が、見直される傾向が出て来たそうである。一対一の親近感、後に何度も読み返せる保存性、紙や字体の個性の温かさ、などが、得がたい「人間のぬくみ」を持つからである。少くとも、愛人への秘密のラブメールを、ボタン一つの押しちがえで外務省全体に公開してしまった愚かな役人の轍《てつ》を踏む心配はなかろう。

「手紙」の「手」とは筆跡のこと。手で紙に書くから「手紙」なのだろうが、中国語で「手紙」は「トイレットペーパー」のことをさすから、注意したいところ。日本では古くは「文《ふみ》」「たより」「消息」、漢文風には「書状」「書簡」「音信」などというのがふつうだった。手紙という呼び方は意外に新しいもののようである。

手紙は、戦前までは、かなり整った形式をもっていて、きまった形の中で文章の洗練を競うようなところがあった。奈良時代から男子の手紙文の形式とされた「尺牘体《せきとくたい》」は、中国にならった格式のあるものだが、比較的自由な平安時代以降の消息文でも、書出し、中書き、書どめの形式が整っていた。鎌倉時代の「候文《そうろうぶん》」は、元来は武家のもので、公家への対抗上、形式、礼法も武張った格式を重んじ、この流れは故実礼法として、流儀が生まれ、一定の書式作法も確立していくのである。ちなみに尺牘の牘は木札のこと、書簡の簡は竹札のことである。

明治以降、戦前までは、かなり解放されたとはいえ、口語文体であっても、一

定の「型」を持っていた。その方が便利だからでもある。私が知っている限りでも、案内状などの出だしに「ハイケイチンシャコンパン」というのがあった。「拝啓陳者今般」である。小学生時代に、はて、何と読むのだろう、としばしば疑問に思っていて、一度母に尋ねたことがある。「拝啓。陳《の》ぶれば今般」というのだそうで「素気ないようだけれど一番面倒のない形」なのだと教わった。但し男子の書き方だとも知った。

　戦後は形式も自由であるが、それでも改まって書く時には、頭語、前文、主文、末文、結語の部分を含む「本文」と、日付、署名、宛名、敬称、脇付をふくむ「後付《あとづけ》」、それに場合によって「副文（追伸）」が加わる形がいまだに踏襲されているようだ。

何も「型」に捉われることはないが、歴史に沿って成立継承されて来た「型」をほんのちょっぴり頭の隅に入れておけば、結構自己流に崩せばよいのだから、話はらくである。

そこで、手紙のことばについて少々記しておこう。

冒頭に、「拝啓」「謹啓」「拝呈」などの「頭語《とうご》」を使い、緊急ならすぐ本文に入るが、一般には前文として「時候のあいさつ」か「安否のあいさつ」が一言加わる。両方重ねればいっそう丁寧である。

「時候のあいさつ」は、誰に対しても差し障りのない一種のクッションのようなもので、「若葉のころになりました」といわれて怒る人もあるまい。つづいて「お変りいらっしゃいませんか」などと安否のあいさつをするにも、導入部としてラクな方法。ここに日本人らしい四季感が入ると、何か優雅になる。ひとつの伝統である。

「拝啓」は女性が使っても誤りではないが、堅苦しい感じなので、いきなり前文に入ることが多い。「結語」は「敬具」が多いが、女性としては「かしこ」が最も多く使われる。しかし最近は頭語結語ともに略されることが多い。

略していいからといって、「前略」を多用するのはどうだろうか。「前略」「冠省」などの頭語は、「前文を省略いたします」の意であるから、丁寧な手紙には使えない。まして「前略　初夏も近づいて……」などというのは明らかに誤用。略したはずの「時候のあいさつ」をするのはおかしいのである。

「後付」の日付や署名、宛名を前にもって来て「前付」にすることも最近ふつうのことになったが、問題は宛名の敬称と、自署だろう。

敬称は、宛名の下に書く尊称だが、現代ではほとんどが「様」になって来ている。公式や事務用向の書状には「殿」も使われる。「何々殿・同令夫人」と並列することもある。「様」はその人の居る方、「殿」は住む所を差しており、直接渡すことを遠慮しているので、「脇付《わきづけ》」として「侍史」(秘書に差し出す意。目上に)「玉案下」(机のそばまでの意。先輩に)「机下」(同じく、同輩に)、女性語としては「御許《みもと》」「御前《みまえ》に」などと書き添えるのはそのためである。これも最近略されることが多い。

しかし「様」は、今では最も一般的でグレードの高い尊称となっている。「先生様」など尊称の重複はおかしい、とは誰も感じると思うが、尊称は一つでよい。又、会社などあての「御中」は「様」に代るもので、脇付ではないから、宛名の下に大きく書く。

以前の礼法では、「尊敬の場合は宛名は姓のみ、署名は名のみ」（夏目漱石書簡）とされていたが、最近では両方共姓名を書くのが丁寧とされているようだ。「夏目先生みもと　よし子」などと書くのが、明治時代には知識人の常識であったわけである。

幸田露伴は、こんなことを書きのこしている。

「尺牘《せきとく》（手紙）は、能く尽くすを以て佳となし、至って簡なるを以て巧となし、趣あるを以て好となす。能く尽くして、而して簡、而して趣ある、これを最上乗となす。語、多くして意を尽くさず、辞、繁にして簡なるを得ず、文、飾って趣をなすなき、これを三短となす。三短あって一長なき、これを最悪となす」

耳に痛いことばである。

手紙を書くときの心得としては、

①簡潔にして要領よく、正確に用件を伝えること。

②相手の人と時と場合をよくわきまえて礼を失しないこと。

③これに「こころ」と「おもむき」の加わったものが手紙の名文であること。

この辺を踏んでおけば、まず間ちがいのないところであろう。

さて、かの愛すべき新入社員の「○沢よう子」ちゃんも、今では「社会人のことばづかい」が、学生気質のそれとはかなり違っていることを、身を以って体験し、慎重にことば選びをしていることだろう。

人はそれぞれ、相手とのコミュニケーションを多く「ことば」によって通じさせているが、自分の置かれた「場」をしっかり知ることで、自然に「使い分け」を覚えて行く。それは経験によるところも大きいが、基本的には、家庭の「しつけ」の問題ではないかとこのごろ思うようになった。

家父長制の専制的家族制度の崩壊は、女性にとっては有難いことだが、反対に父親が権威を失墜したことから、母親天下の家庭がふえ、父親を尊敬することをしなくなった。学校では先生が親愛を大切にして叱らなくなった。

幼犬期にしつけないと犬は増長する。人の子も同じだという。「友だち」感覚結構。しかし、「人間の尊厳」を基本的に知るという「しつけ」は、家庭でこそ行われるべきものだろう。敬語が自然に出てくる家庭のしつけを取り戻したい、と思うのは、私の幻想にすぎないのだろうか。

Study 3

あなたなら、どう呼ぶ?

ことばの節度

——発音と音量

「清少納言の敬語論」の中でも書いたように、敬語がうまく使いこなせるかどうかは、教養があるかないかの判断基準にもなるから、現代の教養人を以て任じている人々には、敬語の誤用はぜひとも避けていただきたい、と思う。

しかしながら、例の男女共学が一般化するに従って、ことばの世界でも男女同権が叫ばれ、主として「女ことば」の中で熟成されて来た美しい話しことばは、ほとんど瓦解《がかい》に近い状態にさらされているのが現状であろう。

ところがたまたま、俳句を作られる大学のT先生の話を聴いて、その完全ともいえる敬語と語尾の美しさに驚かされたのは、一昨年の夏のことである。或る夏の会での、ほんの短いあいさつであったが、今どき、四十代の男性でこれほどきれいな日本語を使う方がまだ在《あ》ったのか、と感服したのだったが、どこがどうきれいなのか、と聞かれると、さあ、それがなかなか説明しきれない。あえて言えば、そこには身についたさまざまな「教養的要素」が生かされていた、ということになろうか。それを列記してみると、

①ことばの発音、音感がきれいなこと。

②話す音量が適当でこころよい。

③じつに間がよく、聞きとり易い。
④話の速度にメリハリがあり、速すぎず遅すぎず、誰にも聞きとり易い。
⑤話の中に、不要な間投詞や余計なダジャレがない。かといって堅すぎず、余裕がある。
⑥敬語が多すぎず、少い位なのに、主催者や聴衆への敬意が自然に伝わってくる。その分、謙譲な感じがある。かといって全く卑下した感じはない。
⑦話が冗長でなく、又場当り的でなく、聴き手への配慮がさり気なくなされている。

以上のような特色を掴むことができるように思う。

このT先生は特に話術の巧みな人物でもなく、とくにやんごとない生まれ育ちとも聞いていないが、まことにみごとな話しぶりであった。

前項の特色を通じて更に考えてみると、T先生の話し方に、目に見えないみごとな「節度」が生かされていたのに気づくのである。

「節度」とは何か。

歴史上からいえば唐・五代の軍職に「節度使」があるように、辺境の要衝《ようしょう》を守るための軍団、その長に与えられる印綬《いんじゅ》のようなものを言うようだが、本来は紛争や対立を引き起さないための一つのきまりのようなもので、ことばとしては「節度を守る」「節度がない」といった使い方をする。要は、「守るべき度合」「度をこさない、ほどよい良識」といったものである。

この「節度」を知らない野蛮な人間がいると、均衡が破れて人間関係がギクシャクすることは、身にしみて感じている人々も多いはずである。敬語を過不足なく使いこなすための第一歩には、こうした「話し方の節度」が不可欠である。

①の音感、②の音量は、会話をスムースに成立させる際にも、また講師などが聴衆に対して話しかける際にも、或いは急に人前で意見を求められた際にも、是非とも必要な、自覚しておくべき節度のひとつである。

話し方には個性があり、また出身地による方言も重要なファクターとなるが、その個性を確立するときに必要な因子に、「音の節度」があるのは確かである。

ある会社のOBグループの定期的な集会の中で、時に人と衝突しては友人を減らしている女性がいた。彼女は母君を亡くして以来一人住いを続けているせいもあって、会合に出ると知らず知らず、ひとり喋りまくるのだそうである。とくに

他人に嫌われるような人ではないのだが、その元後輩が言うには、

「あの方の話って、人を疲れさせるのよね」

どう疲れさせるのかと言えば、

「声が大きくてキンキンしているでしょう。それに、人の話を聞かないで、自分の話ばかりなさるし」

会話とは、一人では成り立たない。話し手と聞き手があって成り立つのだが、そのバランスがわるいと、一方的なうるさい喋りになってしまう。その際、①の発音の美しさやあたたかさ、音質のこころよさ、②の音量のほどのよさ、③の間のよさ、④の話の速度などが勘案されていれば、彼女は相手に我慢を強いることもなくなるはずなのである。

俗に「だみ声」とか「どすの利いた声」とか言われる発声をする男たちがいる。昔で言えば旅から旅にくらす渡世人。

「手前、生国《しょうごく》と発しまするは、上州赤城山の麓、利根の水を産湯《うぶゆ》に使い……」

などと仁義を切るのに、これは上品な声音で言っては何の迫力もあるまい。やはり「どす」が利いてなくてはなるまいが、「どす」とは「おどす」が語源ともいわれ、懐にひそめた短刀、ひいては凄味の利いた声をいう。現代でもヤクザ的な声を出す人はいる。

「だみ声」の方は、濁った感じの発声をさして言うが、本来は「たみ」と清音で言い、訓練を受けていない訛った発音を言ったようである。『源氏物語』には、玉鬘の姫君を何とか妻にしようと言い寄る大夫《たいふ》の監《げん》という大宰府《だざいふ》のむくつけき役人が、恋文を一所けんめい書いてよこす場面に、

「唐《から》の色紙《しきし》、かうばしき香に入れしめつつ、をかしく書きたりと思ひたる、言葉ぞいとだみたりける」

とある。〈唐渡りの高価な染め紙に、たいそう香《こう》をたきしめ、自分では大いにうまく書けたと思っているのだが、ことばづかいはたいそう訛っていた〉というので、文章では男の無教養をやや揶揄した調子で描いている。見た目は立派な男だが、ふるまいは荒々しく、

「色あひここちよげに、声いたう嗄《か》れてさへづりゐたり」――〈顔色はつやつやと元気よさそうで、しかし声はしわがれたがら声で、わけのわからないことばをさえずっていた〉とも書かれている。

紫式部はもう一ヶ所「常夏」の巻に、内大臣が娘として引き取ってはみたものの、皆から笑い者にされてしまう近江《おうみ》の君のことばについて、

「あはつけき声《こわ》ざまにのたまひ出づる言葉こはごはしく、言葉たみて（中略）、もてなしいとあやしきに……」

と述べている。せわしない声の調子で口から出すことばはぶっきら棒であり、ことばは訛り、態度もひどく不作法なので……というのである。

前者は、地方の権力者で自分が一番偉いと思い上がっている男、今なら成り上がりの代議士といったところか。後者は乳母任せで「しつけ」がしっかりできな

かった若い女性の欠点として書かれている。「言葉たみて」は「だみて」と同じで、何か洗練されない濁った発音を示している。

昔、大道などで物を売る香具師《やし》の口上などに、よく「だみ声」を耳にした。あれはあれで、人をひきつける商売用発声であったように思うが、現代ではやはり議員バッジを付けた人々の中に、多く「人を人と思わない」感じの威張りちらす「だみ声」を聞くことが多い。少くとも日本の政治家には、あまり品のない「だみ声」はやめていただきたい、と思うのは私ばかりではないだろう。

このような「だみ声」も、仲間に疎んじられる彼女の「キンキン声」も、「発声」と「音量」の適正さえ自覚すれば、自然にまわりに抵抗なく受け入れられるはずなのである。しかし本人はなかなか気づかないものだ。

小さいころ、抑制のない声で何かをいうと、母からたしなめられる一語に、「野良声《のらごえ》を出すものではありません」というのがあった。「野良声」とは、まさに野良で出してこそ効果のある声で、野原や、田畑の広い環境なら、大声を張り上げなくては人の耳には届かないだろう。野良で出す声はそこでは当然必要な声なのだ。しかしその声をそのまま、ご近所も近く、人の多い環境で発声したらどうだろう。周囲は迷惑この上ない。人と人との距離が近い場所では、大声を出してはならないのは常識である。

携帯電話がはやりはじめたころ、あたりかまわず大声で電話している営業マンなどに辟易《へきえき》した経験をもつ人は多いはずである。最近は電車の中で声高に携帯で話す人もめっきり減った。代りに指をチャカチャカ動かして無言でメールの交換をしている若者たちを見るのも気持わるいが、大声が自然に規制されて来たのは、都会に住むルールがコンセンサスとして成り立ちはじめた証拠でもある。一方、無言メールに没頭している人々が「声」を失ってしまうことに、何とも言えない恐怖を感じてしまう。まさに日本語の危機である。

呼び名の問題(1)——「あなた」?「ダーリン」?

毎日のように使っていることばの中で、気になりながら案外糾明されないまま通用しているのは、ごく身近かな「呼び名」や「敬称」の問題ではないかと思う。

たとえば、女性が夫を呼ぶ場合。

テレビのホームドラマのせりふなら、多分、

「あなたァ。ねえってば。あなた、こっち向いてよォ」

などと、「あなた」と甘たるく言うのだろう。

昔々、日本が第二次世界大戦にひきずり込まれて行くころ、妙に軽い歌謡やジャズの流行した時代があって、私の幼い記憶の中には、

〽あなたと呼べば
あなたと答える
山のこだまのうれしさよ
あなァた、なぁんだい
空は青空、二人は若い〜〜〜

（JASRAC 出0502693-501）

などという歌がはやっていた印象が残っている。ということは、昭和十年代にはすでに若い奥さんが夫を「あなた」と呼ぶのはそう珍しくなかったのかもしれない。

それでも私の世代では、とても夫を「あなた」などと呼ぶ勇気は無かった。勇気というより、何となく新興住宅地の派手な洋風建築を傍観しているような、へんな面映ゆさがあったように思うのである。

では、何と呼ぶか。結婚間もない頃は、何となく「あのー」とか「ねぇ」とかのあいまいな呼びかけに終始し、あるいは「何男さん」と「さん付け」で名を呼び、アメリカナイズされた人は「ハニー」などと言い、建二を「ケン」などと略称で呼ぶ、などなどのバラエティーに富んだ一時期ののち、子どもが生まれるとじきに「お父さま」「お父さん」「パパ」「ダディ」など、子ども中心の呼び方に定着してしまう例が多かった。

夫のことを「お父さま」と呼ぶのもおかしなものだが、夫の方も「お母さん」とか、年をとれば「ばあさん」などと呼び、子ども中心の「家族間の呼称」がまかり通っている。そうでなければ「おーい」と呼びかけて、「私はおい子ではありません！」などと老妻の反発を買う。

もっとも、この呼称は、時代の秩序の中で親しんだ思い出を伴うのか、「おーい、お茶」というパック詰めのお茶の商品名として結構普及している。本来なら「おーい、お茶」と一言いえば、今いれたてのあたたかいお茶が老妻の手によって出て来るはずなのだ。永年連れ添った妻のいれるお茶は、濃さといい、熱さといい、えもいわれぬお服加減《ふくかげん》。茶碗は厚手の萩焼か唐津か備前か。ゆったりとするその飲み具合のよいこと。そこには、永年勤続で働いた後の、男のやすらぎの理想がある。「おーい」と呼んでも返事のない昨今のご老体に同情を禁じ得ないのである。

もっとも、私などは「おーい」と呼ばれた経験はない。「おーい」世代も年老いてすでに「おーいも遠くなりにけり」なのだろう。

では、相互間ではなく、他に対しての夫と妻の呼称はどうなのだろう。

思いめぐらすと、私の場合は公式にはやはり「主人」というのが言い易い。しかし、男女同権のこの時代、家父長制の名残りのような「主人」の呼称を嫌う人も多い。中には夫を「主人」と呼ぶ妻を、古典的な人物を見るような視線で蔑視

する人もいる。共学世代以降の、とくに女性に多い現象である。

そこで私は仕方なく夫を姓で呼ぶことになる。電話でも、

「ただいま尾崎は外出中でございますので、私が承ります」

といった調子。(主人と言うのと変りはどこにもないが……)

私の友人のある新劇女優は、夫のことを「夫《おっと》」と呼ぶ。

「この間うち、夫《おっと》と一緒に公演して歩いていたの。そしたら夫が急に体調を崩して……」

他にも「うちの夫《おっと》」と言う人もいる。

私はこの呼称をあまり好まない。「夫《おっと》」

と「妻《つま》」にはちがいあるまいが、もともと「夫婦《めおと》」から来ていて、「め」は婦、「おと」はイコール夫、それが「おっと」と促音便になると、「おっとドッコイ」みたいな響きがあって、何となく耳ざわりである。

そこで交友範囲で夫の呼称を気儘《きまま》に収集してみると、「ウチの」「ウチのひと」「亭主」「ダンナ」「ハズ（ハズバンド）」「モンマリ」（フランス風）「つれあい」（夫妻共に用いる）などなど。「夫」と呼ぶ人はほとんどなかった。

「ウチのひと」はそれこそ内向きで、改った時は言いにくいし、「亭主」「旦那」は照れを伴うし、「ハズ」「モンマリ」は気障《きざ》だし、「つれあい」は古風すぎる。というわけでやはり姓を使うことになってしまう。

では、相手の夫をさして言う場合は何というか。私の世代だと「お宅のご主人様」と、たいそう丁重である。が、「your husband」と大して変らないようでもある。

「カレ」という若い層の呼称もあるがこれを用いてもまさか公的な場で「お宅のカレ」とか「カレシ」とかは言うまい。何て呼ぶのか、教えて下さい。

「敬語スタディー」の中でわざわざ呼称の問題をとりあげたのは、会話の中で相手に失礼にならない呼び方を探ってみたかったからである。この話は、相手を呼ぶ二人称とか、手紙の敬称の問題にもつながってくる。

二人称の代名詞としては「あなた」「そなた」「こなた」などが古くから使われて来た。目下の者に使う「そなた」はすでに廃れ、親しみのある「こなた」は、女子学習院卒業生の常盤会あたりではいまだに「このかた」という、格調をのこした形で、近しい間柄の中では今も使われている。しかし一般には「あのかた」の約《つづ》まった「あなた」が、英語の「you」と同じ形でひろく用いられているようだ。

いずれも、「あの方《かた》」「その方《かた》」「この方《かた》」という、方角を漠然と示す呼び方である。ふつう、「あ、ど、こ、そ」といわれる代名詞は、「あれ」「あちら」「あそこ」「あなた」のように遠くを示したり、不明な時は「どれ」「どちら」「どこ」「どなた」のような使い方をする。こうした語法の中で一番普及しているのが「あなた」の語であろう。

「あなた」の表記は、大正時代あたりまでは「貴方」「貴男」「貴君」「貴女」と書いていた。ということは、「貴」とあるからには一種の敬称であったとみてよいのだろう。もともと、実名を直接呼ぶことは失礼なこととされてきた。これは、人の名には魂が宿っているものとして尊《とうと》ぶ風が古代からあって、父母以外には名を呼ばない風習があったからだともいう。直接名を呼ばれると魂の力が弱ると考えられていたのだそうである。諱《いみな》（忌み名）などというのもそこから発生しているのだろう。

相手の名を呼ばない代りに、その家邸《いえやしき》をさして「大殿《おとど》」「殿《との》」といい、漠然と「あの方」（あなた）といい、官職を以て「中納言《ちゅうなごん》」とか「播磨守《はりまのかみ》」といい、邸の場所によって「枇杷殿《びわどの》」とか「土御門殿《つちみかどどの》」とか呼んでいたのである。

この風習の先に、「あなた」は存在するわけで、徒《あだ》やおろそかに生まれた呼称ではないのである。

が、近ごろのように平等指向が強まり、また外国語との接点が多くなって来るなかで、「あなた」は「貴方」の「貴」の部分を失いつつある。外人司祭さんなどから、「あなたがァたは、いま悔い改めなくてはなりませェん」などと説教されているうちに、なぜか「あなた」は同等対等の呼称から、少しずつ位置を下げて来た感じがする。

以前は子が親に対して「あなた」とは言わなかったものだが、私など、とっくの昔に娘から「これ、あなたのぶん。とっておいたわ」などと「あなた」呼ばわりされている。「ママの分」などと言うには本人が少し年を食いすぎた果ての呼称だろうけれど、何だかヘンだ。「主人」に抵抗のある世代には「あなた」に抵抗はないのかもしれないが。

私くらいの世代だと、相手に「あなたさま」と敬称をつけて口にする場合がある。「あなた」が格を下げた分、年上の方に「あなた」とは言いにくい。それも一音ずつ発音せずに微妙に、極端に言うと「ああっさま」といった感じに言う。これは大正時代からすでにあった言い方《かた》のようで、私の母が結婚したころ、父に柳橋のお茶屋に連れて行かれ、父のことを「貴方《あなた》さま」と呼んだところ、芸者達にさんざん冷やかされ口真似されて困った、という経験談を聴いたことがある。「呼びかけ」の二人称というものは、まことに難しいものだ。「お前」と言われると怒る人もいるが、元来は「御前」であって、敬称だった。

そう言えば、ずっと以前に亡くなった大伯母に、私の処女歌集を贈ったところ、見事な墨書の手紙に、

「お前様《まえさま》の歌は私には難しうてわからず候《そろ》」

とあったのを思い出した。「お前」にも「お前さま」という言い方があった。

でも、木の実ナナあたりが男性を「お前さん」と呼べば、何とも粋で、江戸下町風の切れ味のよさがあるけれど、私が人に「お前さん」と呼ばれると、何か見下げられたような妙な違和感がのこる。

さあ難しい。大伯母に「お前さま」と言われても平気なのに、なぜ他人から「お前さん」と呼ばれると変なのか。「さま」と「さん」はそんなに違うのだろうか。また、ずっと年下の人から「あなた」と呼ばれて平気だろうか。敬語とは、どだいタテ割り型の、ヒエラルキー型の構成を容認しない限り成り立たないものなのか。

呼び名の問題(2)

——親しき仲にも……

古くは敬称だったものが、時代と共に対等になり、果ては見下げた形の蔑称《べっしょう》になっていくのは、ありふれた現象なのかもしれない。

たとえば江戸時代の時代劇などで、

「これは旅のお女中、まことに申し訳ないが……」

などと女に呼びかける時の「女中」とは、大奥仕えの「御殿女中」のこと。ではその「女中」とは何かと言えば、王朝時代の「中臈《ちゅうろう》女房」から出ている。『源氏物語』を書いた紫式部の日記にも「上臈中臈のほどぞ、あまり引き入り上衆《じょうず》めきてのみはべるめる」〈（彰子中宮に仕える）上臈中臈あたりの女房たちは、あまりに控えめに上品ぶってばかりいるようだ〉という表現がある。ここでの上臈は「上臈女房」で、身分の高い女官、御匣殿《みくしげどの》や尚侍《ないしのかみ》、又公卿《くぎょう》の娘など、「中臈女房」は上臈と下臈の中間の、内侍《ないし》以下、諸大夫の娘などの中級女官のことである。

江戸時代では、「女中」は将軍家、諸大名家、大奥などに仕える女人たちをさすが、女性への敬称としても使われたのであった。

ところが敬称であるはずの「上臈」でさえ、遊女の「女郎」に変化し、「中臈女房」のはずの「女中」は一般家庭や店舗での使用人の名称になった。戦後は

「女中さん」は蔑称であり差別語だというので「おてつだいさん」と呼ぶことになったが、ことばから言えば「おてつだい」の方がよほど蔑称に近いのだが……。

同じように、戦争中に兵隊経験のある人には「貴様《きさま》」ということばを極端な蔑称だと思っている人々がいる。

「こらっ、貴様、何をしてるかっ」

などと鬼軍曹から怒鳴られると、そのあとは故のない私刑《リンチ》が待っている連想があるのかもしれない。しかし、「貴様」はもともと例の「貴方《あなた》」と同じく、目上への敬意ある呼称だった。「貴公《きこう》」も同様である。近世中期までは、たしかに敬称だったはずが、キサマはいつのまにか罵倒の際の呼称になってしまったようだ。

というようなことを踏まえて、話を前に戻そう。「お前」について、である。

「お前」はその人を直接さしていうのを遠慮して、「御前」と漠然と表現するのである。本来は「大前」(おおまえ)が約《つづ》まって「おまえ」となり、「御前《ごぜん》」と音読されて、古くは帝をさすこともある。『栄花物語』の中では、一条皇后定子のことを「宮の御前《おまえ》」と呼んでいる。時代が下がっても、「静御前《ごぜん》」や「巴御前」などは敬称として使われているし、寅さん映画「男はつらいよ」の笠智衆の「御前さま」も、当然尊敬語である。もっとも、深夜に酔って帰宅して顰蹙《ひんしゅく》を買う「午前さま」もいるわけだが。

どうも気になるので、一般的な基準はどんなものかと、一応『広辞苑』（四版）を引いてみた。

〔御前〕①名詞。神仏または貴人の前。ごぜん。おんまえ。みまえ。②代名詞（二人称）。もとは目上を、今は主に男性が同等あるいは目下を指す。

〔御前様〕おまえさま。代名詞。①「お前」の尊敬語。近世では、非常に高い敬意を表した。

〔おまえさん〕代名詞。①「お前」の親称。近世でははじめかなり高い敬意を表した。②庶民層で妻がその夫を呼ぶ称。

なかなかよく整理されている。『広辞苑』の説を金科玉条として、最高だと思いこんでいる人々がいるのは困りものだが、この場合は私の中のもやもやもかなり解消できる。

つまり、私が大伯母から「お前さまの歌は難しうてわからず候」と書かれた、その「お前さま」の言い方は、大伯母が明治初期の生まれであったことを考えれ

ば、目下に言うことばではなく、敬称で呼んでくれたのである。だから素直に心に入ってきたのだ。ところがもし他人から「お前さん」と呼ばれたら腹が立つ、というのは、「親称」だからであろう。親近感は時として人と人との距離感を縮めすぎる。身のまわりにはりめぐらした自然なバリアを破って、親しくもないのにその内側に踏み込んだとき、相手は無意識に不愉快になる。

このことは、「敬語スタディー」にとっても、たいへん大切なことのように思う。

私にも失敗の経験がある。

学校時代の友人で、とくに親しい関

係にあった人ではないのだが、古典の勉強をしたいと近付いて来た人があった。学友であるし、たいそう真面目で、私のサポートもしてくれ、才能もある人なので、すっかり気を許していた。そして学生時代の通り名のまま「ぽんちゃん」と呼んでいた。ところが、何が原因なのか誤解なのか、或る時期から私は彼女の憎しみの標的となってしまった。あまり敵対視されたことのない私は戸惑ったが、坊主憎けりゃのような相手の振舞いに、やむなく交際を断った。目ざわりで仕方ないようだったからだ。学友の一人から、「あの人からはぽんちゃんなんて呼んでほしくないわ。親しくもないのに」と、当の彼女が言っていると聞かされた。なるほど、彼女のバリアの内に、土足で踏み込んでしまったのだろう、と私は反省した。そういえば彼女は、私の通称だった「チョコ」という渾名で私を呼んだことは一度もなかった。

先生と生徒の立場には、どうしても上下関係が出来る。おそらく彼女は友人であるはずの私への隷属感に耐えられなかったのだろう。それ以後、私は親しい人を呼ぶ際には、できるだけ注意して呼び名を選択するようにしている。

他人を呼ぶ難しさをあちこち探ってみたが、第三者として聞いていて納得のいかない場合、というのがある。

カナダに出て行ったり、議員に当選したり、すぐに辞めたり、話題には事欠かない大橋巨泉さんの場合がそうだ。彼はテレビの司会をつとめていても、仲間の誰彼を平気で「お前」呼ばわりする。石坂浩二が「へーちゃん」と呼ばれる。最初彼が売り出した頃の「ゲバゲバ90分」はおもしろかったが、竹下景子であろうとうつみ宮土理であろうと、すべて「お前は」と云われていた。少くとも、女性への尊敬はかけらもない。人格への尊敬も感じられない。横丁《よこちょ》のご隠居が、長屋の住人を管理しているようで、それがまたおもしろくもあったのだが、私だったらいくら芸人であっても、常に人を見下げたようなその呼称に刃向うだろう、と思ったものだった。

関西系の芸人の中でも、桂文珍さんのようにきちんとことばの使い分けをしている人もいるが、吉本興業系のお笑いタレントの連発する「お前」呼ばわりも、耳ざわりがよくない。島田紳助さんなども、芸風は好きだが、ことばの選択がもっと行き届いたら、一層いい芸人になるだろうに、と思う。ことばに勝負を賭ける芸人ならばなおのこと、ことばのもつ影響力を考えるべきだろう。「今売れる」ことより、「現代日本の未来」を支える文化の担い手である自覚を持ってくれたらなぁ、と思うのは、私の「無いものねだり」なのか、「期待過剰」なのか。いずれにしても巨泉さんは、あのことばづかいを続行する限り、「横丁のご隠居」以上の役はつとめ切れないだろう。

木の実ナナさんが芝居で「お前さん」と呼ぶのは「庶民層で妻がその夫を呼ぶ称」というのにぴったり当てはまる。粋で情感があって、下町風人情噺には欠かせない呼称だろう。だから聞く方も何となくなじみ深く、抵抗感がない。地域限定の呼称というべきか。

ということは、他人の呼称などというものは、地域や時代、風俗、職業や環境を網羅する中で、ある種限定的に、相互の自然なコンセンサスがあって使われているものだ、ということを、使う方も知っている方がよい、ということになろうか。

現今では、「ミセス」の代りに「奥さま」ということばが用いられていて、結婚していれば誰も彼も「奥さま」「奥さん」と呼ぶが、私の母の世代の感覚では、これがどうもすっきりしないようであった。

戦後、精米店がたいそう威張っていた時代があって、夫婦共々、周囲の人々から煙たがられている店があった。その店に、よせばよいのに配給米以外の闇米を入手しに行った人がいて、

「おかみさん、お米少し頒けて頂けない？」

と頼んだところ、尊大な風にじろじろ見下《おろ》して、

「奥さんと呼んで下さい」

と叱られた、という噂が立った。民主々義だか平等意識だかのせいでこのころに「奥さま」は一般化したらしい。

母は当時この話をきいて、こう言った。

「入口を入ったらすぐ裏に抜けるようなところに住んでいる人を〝奥さん〟て呼ぶと、かえって当てつけみたいで、失礼な感じがすると思うけれど……」

なるほど。「奥方」というのは「奥の方の場所」の意味なのだから、「表」と「奥」に分れていなければ「奥」とは呼べないわけで、これは邸町のことばづかいなのだった。もっとも、「表」は公《おおやけ》の、「奥」は私《わたくし》の場所という感覚があったのだろうから、男性社会というか、家父長制厳守の社会から生まれた呼称とも言え

る。これまた男女平等を標榜する人々からはモンクが出そう。

モンクはいつもどこからでもつけられる。アメリカでは「MRS《ミセス》」と「MISS《ミス》」を区別するのは差別だといって「MIS《ミズ》」を使うことが流行した。未婚の母が多いからだという。声高《こわだか》に言う人の意見が通ってしまうのが今どきの世間である。こうした現象を踏まえて、次項では、前時代の〝奥さま〟〝奥さん〟〝おかみさん〟の呼称と、そのイメージはどうだったのか。そのあたりにあえて入り込んでみよう。厄介至極なことではあるが。

呼び名の問題(3)

——「奥さん」?「おばさん」?

他人に対する「呼び名」の問題は、予想していたよりもかなり奥が深くて、なかなか全体が見渡せない。

「奥さん」「奥さま」という、ミセスへの呼びかけを考えようとすると、これはまた、たいへんな問題を抱えこんでしまった感じがある。今更後へ退《ひ》けないから、勇気を出して踏み込むことにしよう。

前項で記したように、「奥さん」は本来「奥方《おくがた》さま」である。「奥の方《ほう》」すなわち「表」に対しての「奥」である。元来は公的、あるいは社会的な、世間と接する場としての「表」に対し、私的な、あるいは家族の生活の場としての「奥」との区別があった。先頃亡くなられた香淳皇太后さまの妹宮で、東本願寺に嫁がれた大谷智子《おおたにともこ》裏方《うらかた》という方がおられた。世間では「智子裏方」とお呼びしていたが、この「裏方」も「奥方」と同じで、「表方」に対して「裏方」を掌握し、全体の運営を取りしきる格と力量をもつのが必須条件である。芝居などでも表舞台の華やかさを支える大道具小道具から衣装、座席から宣伝、サービスに至る集団を「裏方」という。

最近のようにすべてのことが細分化し、また透明度を求める世になると、「表」

「裏」の区別も時として罪悪視さえされかねないのであるが、小規模家族の場合はともかく、規模が大きくなると、自然に「表方」と「裏方」を役割分担しなくては成り立たない。大家族制度だったころには、客人は邸の「表座敷」で接待され、客人もそれを当然と思っていた。よほど親しいと「奥座敷」へ通される。「表座敷」のように二間《にけん》の床《とこ》の間に一対の幅《ふく》、活け花、香炉、などという整然とした見事な「設《しつ》らい」(「室礼」とも書く)はないにせよ、「奥座敷」にも一応「控えの間」としての「次の間」があり、床飾りもある。内々の訪問者はここに招じ入れられるから、「表」と異ってどこか親密感がある。

ちかごろTVコマーシャルで、山峡の温泉宿を「どこどこの奥座敷」などと宣伝しているけれど、奥にあるから奥座敷、というのはどんなものだろう。はたして表座敷はどこにあるの? などと思ってしまう。

これが王朝時代の公家邸《くげやしき》にさかのぼると、表と裏がもっとはっきりしていて、一家の切り盛りをするための事務所のようなものが置かれ、これを総括する家司《けいし》が任命される。事務所は寝殿《しんでん》の「北の対《たい》」に置かれるので「北の政所《まんどころ》」とも呼び、「北の台」とも呼んだ。その頂点に君臨するのがいわゆる「北の方《かた》」「北の御方《おんかた》」であり、その邸の「上《うえ》」（女主人）であり、正妻である。実際に北の対に住む場合もあったようだが、実質的には、一家を経営する事務方が万事取り計らった。

「北の政所」は、はじめは私的な尊称として用いられたが、のちには朝廷の宣旨を受けなければ称することができなかった。「北の政所」で名高いのは、鎌倉時代の北条政子であろう。「北」「政」の字が重なるせいもあるのか、一般に「北の政所」と言えばつい北条政子を連想する方も多いのではないか。

宮中の「御台盤所《みだいばんどころ》」から出たことばとしては、北の方のことを言うのに「御台盤所」「御台所《みだいどころ》」「御台《みだい》」という呼び方がある。食物を整える「主婦」としての尊称で、これも大臣、大将などの正妻の呼び名である。

江戸時代になると「奥方」ということばが用いられるようになる。将軍の奥方などだと「御簾中《ごれんじゅう》」などとも言った。御簾《みす》の内、の意である。

こういう流れを見てくると、正妻は一家を経営し、多勢《おおぜい》の人を使用し、日々の衣食住に目を配り、対外的には一切粗漏《そそう》のないように、一家の基盤を支えるのであって、これが「奥方」の実態であった。

そうとすれば、老母がいみじくも言ったように、入口を入ったらすぐ裏に抜けてしまうような家の妻君を「奥さん」と呼ぶのは却って失礼な気がする、という感覚も、間ちがってはいなかったと言えるだろう。

亡母の年代（明治二十九年生）の〃奥さま方〃は、戦後の秩序破壊、平等主義（これも見せかけだが）にはほとほと困惑したらしい。戦前の東京は都市とはいえ、大きな村のようなもので、それなりに住み分けが出来ていて、ことばのしつけも、どんなに貧しい家でも行儀見習いなどに出して、成人して恥をかかない育て方をしていたようである。ところが戦後の混乱で、種々雑多な人々がどっと流入し、ことばも無秩序になった。

あるとき母の女学校時代の同級生A夫人が、電車をいそいで下りようとして、若い車掌に、

「おばさん、危いよ」

と声をかけられた。親切に注意してくれたのである。にもかかわらず、その人は若い車掌をきっと睨《にら》み据えて、

「あたくしは、あなたのおばさんじゃございません!!」

と叱咤したそうである。親切に対して何という反応、と今なら思うだろうが、その話を聞いた時、私は思わずふき出してしまった。

地方などでは、小さな地域での暮しの中にいて、或る程度の年令以上の他人の女性はみな「小母《おば》さん」と呼ぶところも多いという。しかし、その親愛感は、「奥さま」方には、到底がまんできない不愉快をもたらしたのである。呼び名のむずかしさである。不特定多数の他人への呼び名、これが難問である。

そこで一般的ルールとして「奥さん」「奥さま」が認知されるようになってくる。

A夫人もその際、もし、

「奥さん、危いですよ」

と、車掌がちょっぴり敬意を払ってくれたら、「あなたの叔母さんじゃない」などと、とっさの皮肉は言わなかったろう。

母は母で、「おばあさん」と呼び掛けられるのをひどく嫌った。近ごろでは、一般的にかなり呼びかけの語に気を使うようになったのか、私自身は「おばあさん」と呼びかけられた経験はまだないが、知らない人からもし「おばあさん、しれない。

「おばあさん」を「おばあさん」と呼んで何が悪い、と言う勿れ。「一寸の虫にも五分の魂」(あー、古いなぁ)である。皺々のおばあちゃんであっても、「おばあちゃん、どうぞ」と言われて、全く抵抗がないとは言えない。とくに「他人」から「親愛」をこめて「ちゃん」づけはいただけない。孫から呼ばれるのは馴れればいいのだろうが、それでも「おばあちゃま」と呼ばれるのが嫌で孫に「グラン・マ」などと(同じことなのに)呼ばせている人が実際に何人もいる。

他人への呼びかけに、あまり親愛感、近接感がありすぎるのは、相手に抵抗をもたらすものだ、という話は前項にも指摘した。

そこで一番抵抗のなさそうな「奥さん」という呼び方が定着するようになったのであろう。これを「奥さま」というと、ちょっと改まった感じになるが、私のように年配になっても仕事持ちの人間は、「奥さま」と呼びかけられるとちょっと怯《ひる》むのである。毎日の雑事は、かなり器用にこなしているものの、主婦としての磐石の場があるわけではなく、「半主婦」なのである。従って「奥さま」でなく、「外《そと》さま」の部分が多いために、そう呼ばれると何か後ろめたいのである。

ところで、「奥さん」ということばがすっかり一般化したころ、テレビ番組で、下町のある料亭の女将《おかみ》のインタビューを見た。勢いばかりよくて知識はあまり豊かでない若い男性アナがマイクを向けた。

「そこでぜひ、奥さんに伺いたいのですが……」

その時、きりっとして粋にきものをつけた彼女が笑顔のままこう言ったのである。

「どうぞ、おかみさん、て呼んで下さいまし」

やさしいが、きっぱりとした言い方。アナはあわてて、

「え、奥さん、じゃいけないんっすか」

学生ことばになった。

「はい。わたくしは、料亭の女将でございます。お邸の奥さまではございませんのです」

明快であった。

男子アナは、なぜか「おかみさん」と呼んでは相手にわるいと思っていたらしい。

「で……では、お、おかみさん……」

へどもどしながら言うのが何ともかわいいというか、若いというか、女将はにっこりと口許をほころばせて、

「はい、それでよろしいのでございますよ」

春風のようにやんわりと受けとめた。その後のインタビューは、出過ぎず、引きすぎず、まことに快い、歯切れのよい東京弁で、さすが下町、江戸ッ子の心意気が伝わって来たのであった。

「おかみさん」の「おかみ」は「御上」で、古くは天皇のことも、将軍さまのことも、主君のことも、政府のことも「おかみ」と言った。「お上の言うことに間違いはねぇ」などと、庶民たちは「おかみ」を信じ、従ったのである。

「おかみさん」は「女将」であり「御内儀」でもあって、商家の「奥」方は「おかみさん」であり、旅館や料亭の女将も「おかみさん」であった。これは尊敬語であって、今でも、

「今日はまだ、おかみは来てないの?」

などと常連客は不満そうに、お目当ての女将の不在を難じたりもする。

「ウチのかみさんがサ、雷落とすから帰るよ」

三次会不参加の理由にされる「かみさん」には、身内ながら、怖い妻への尊崇(?)がこめられる。

「奥さん」がどんなに流行しても、「おかみさん」の心意気と、それに対する敬意は、万人に持っていてほしいように思うのである。

「あいさつ」は問答である

「敬語スタディー」を書いて来て、このところ、世の中の言葉づかいのはげしい乱れを何とか食い止めようという、はかない努力をしてきたような無力感にとりつかれている。

これまで、できる限り、実際に耳にした聞きづらいまちがい敬語をとり上げて、そのルーツをたしかめるように心がけて来た。しかし、その間にも、まちがいなく〝誤った〟敬語、用法が定着して来ている。その速度は思ったより極めて速く、「くれる」も「あげる」も今や大手を振ってまかり通っている。「長幼序あり」という教えを踏まえていた社会秩序が崩壊し、水平方向のコンタクトが万能になってくると、本来上下関係を結ぶ緩い糸であった敬語が次第に力を失うのは無理のないことなのだろう。

とはいえ、再々言うように、対人間の「ことば」の交流は、「尊敬」と「謙譲」があってこそ快く流通するもののはずで、人間への、また人知以上の力への敬《けい》虔《けん》な心を底にもっていない限り、ほんとうの「ことば」のやりとりはできないはずである。それは平等感覚の世界であっても失ってはならない、人と人との間のルールの基本であると考える。

前に「呼び名」の問題に踏み込んだが、他人への呼びかけひとつとっても、敬意のあるなしによって、当然うまくも行けば、ギクシャクもする。

肩書きの大好きな序列社会に長く浸っていた人は、定年になって肩書きのはずれたあと、暫《しばら》くはなかなかにつらいもののようだ。今まで年若い仲間から「常務！」「課長！」などと肩書きで呼ばれていたのが、閑職になった途端に「さん」付けで呼ばれたりすると、急に荒寥《こうりょう》とした秋風を感じ、妙に内向的になったり、空威張りしたりする例もある。

英語で「オールド・マン」といえば、単に年老いた人という意味以外に、「長い経験をもつ人」「知識のある人」「立派な人」という尊敬をこめた意味をもつそうである。中国でも「老師」とか「老先生」という「老」は、尊敬をこめた意味があり、必ずしも「年老いた」意ではないという。ところが日本では、「老人」「老齢」「お年より」などのことばは、ほとんどが、「もう用のない」「盛りのすぎた」といった語感で使われる。使う方は平気だが、使われる方には大きな抵抗感が生まれる。（僅《わず》かに相撲界に「年寄」の語が遺るが）

「尊敬されたいならそれらしくしなさいよ」と言われそうだが、長距離通勤で疲れ切って帰宅する夫は、「働く後ろ姿」を子に見せる折がない。おまけに幼稚園や小学校では、折角の休日に父親をむりやり催しに参加させようとする。父親も母親も働いていれば、父の日や母の日や運動会には、子どもへの犠牲を強いられる。行かなければ「みなし子」同然の冷たい視線を子が浴びる。何だかヘンである。本当に子の言いなり、幼稚園や小学校の一方的な催しの言いなりでいいのか。父母の来られない子があれば、皆で代替して子を寂しがらせないこともできるし、働いている親を誇りとする雰囲気を作れば、子どもは寂しがりはしないだろう。来られる人は来る、というのが当り前、というのが本当なのではないか。

そこには「親への敬愛」「友だちへの親愛」「友だちの親への信頼」などを築くことのできる絶好の場があるはずである。

そんなことを考えると、「老人」への尊敬喪失は、少子化、核家族化の不幸な一面から波及して生まれて来たようにも考えられる。「親への敬愛」「人間への信頼」が基本的に生かされていれば、「老人」へのいたわりも尊敬も、自然に醸されるはずだと思う。

このことと「敬語スタディー」と何の関わりがあるか、と言えば、まず基本と

しての「ことば」のやりとりとして、「あいさつ」をする「しつけ」を失いたくない、と思うからである。
　あいさつ、漢字なら「挨拶」であるが、仏教用語で「挨拶」というと、禅家の場合、師が雲水の悟りを試す問答をさすようだ。「挨」は「軽く触れる」、「拶」は「つよく触れる」意味があって、そこから転じて応答、返礼、親愛のことばのやりとりを意味するようになったという。この経緯を知ると、「あいさつ」は必ずしも目下の者が上長の前に行ってするものではなく、先生とか親とか、年上の者が年若な者に対して声を掛けるのが、本来の形なの

かもしれない。

朝起きて、まずお互いに言うあいさつは、

「おはよう」

「おはようございます」

が一般的。関西だと「おはようさん」という声も聞くことがある。

この簡単なひと言が、意外に家庭から消えかけている、という。早朝に出ていく父親、おそくまで寝ている息子。あるいは朝食抜きでばらばらに出かけて行く家族。子どもからのあいさつの返らない疎外感が怖くて、自分からあいさつをのみ込んでしまう母親。

それでもともかく、「挨拶」の「挨」の方だけはきちんと守るのが母親の義務でもあろう。

体育会系の学生たちなどがよく使うことばに、

「オスッ」

というのがある。空手《からて》などを素材とする劇画では「押忍ッ」と書いて「オスッ」と読ませているようだが、これも本来は「おはようございます」が約《つづ》まったものだとか。「おはようッす」「おーッす」「おすッ」と省略されたもののようである。それでもなお、お互いをきちんと認め合う形としての「あいさつ」がここにはある。

あいさつは、短くて、しかも形が決っているから、便利である。それをまず口に出すこと。それは自発的に行うより以前に、「しつけ」として学習させる必要がある。それには家庭でも学校でも、短いあいさつを繰り返すのが有効である。「あいさつ」は、必ず返礼のあるもの、「挨」には「拶」があってはじめて成り立つもの、という認識も必要だろう。

戦前戦中に育った私の記憶の中では、くらしの中ではあいさつの儀礼というのが結構大切にされていて、来客があると、玄関でのあいさつ、客間でのあいさつ、席を立つ際のあいさつ、帰去のあいさつなどなど、わりあいはっきりしたノウハウがあったようである。そのような時のやりとりを、幼ごころに何となく見聞したことが、案外今も役に立っているような気がする。その中には時候のあいさつからはじまって、ご無沙汰のおわび、頂きものへのお礼、お互いの近況、今日の訪問の要件……なかなか本題に辿りつかず、お辞儀もまた長々とつづいて、一方がお辞儀を継ぎ足す様子などを、つぶさに眺めていた覚えがある。当時はよほど時間とヒマがあったにちがいない。大家族制度で、人手も余るほど多かった。

その経験を活かすには、あいさつの基本を知っていて「省略」すればよいのだから、そう面倒ではないのである。

その最も大切な基本とは、「あいさつ」は問答である、ということだ。

戦後の忙しく貧しい復興期の中では、あいさつもないがしろにされ、世代の変遷を如実に感じる歳月が過ぎた。昭和五十年代はじめに鎌倉に引越して来て、最初に市役所に書類を取りに行ったとき、私は何気なく、差し出された書類を受け取った。そのとき、同道していた老母が、その女子職員に向ってひと言、

「どうもありがとう」

と軽く声を掛けたのである。若い職員はすぐ、

「いいえ、どう致しまして」

と返事をした。外に出た時、老母の喜ぶまいことか。

「ほんとに気持のいいこと。鎌倉に移ってよかったわ」

と言うのである。「えッ?」と私は思わず母の顔を見た。

「だって、このごろ、東京の区役所に行ったって、書類を突き出すだけで、あ

りがと、と言っても、フン、て顔でこっちを見もしないでしょ。鎌倉にはまだ、あいさつの習慣がのこっているのね。ああよかった！」

言われてみればなるほど、その通りである。万事迅速優先、それだけだって公務員の質が少しは良くなったと言われていた頃である。事務的な書類のやりとりはそれが当り前、と思っていた私に、一種の反省があった。

「あいさつされたら、返すのがふつうよ」

という母のことばに、ゆとりのない日常を糺《ただ》されたような気がしたのであった。

あれからもう四半世紀、この頃ではさすがに「どう致しまして」までは返って来ないだろうが、少くとも鎌倉では、市役所でも郵便局でも、職員がちゃんとあいさつを返してくれる。それも、老齢化の最も進んでいる町だから、すべてにおいて、動作緩慢、質問も要領を得ない老人たちを相手に——ちなみに、鎌倉は誇り高い独居老人が多い——、日々、公務員たちのあいさつは今もつづいている。

この「あいさつ」の基本が護られている間は、まだ敬語の使い分けも出来る人が多い、ということだろうと、私は思っている。

短く、一言でいいのである。

「ありがとうございます」

「申しわけありません」

「失礼致しました」

それに対して一言「いいえ」と声に出す。そこには相手のことばを、相手の感情を、大切にする心がある。「いいえ」は敬語ではないが、一言、相手への思いやりをこめた声を出す、ということに「敬愛」という人間同士の大切な本質がにじむのである。敬語はそこから自然に踏み出すのがよい。

Study 4

〝ことばのルーツ〟を知る

結構、けっこう、モウケッコウ

ひとつのことばが耳につきはじめると、やたらに同じことばが耳に残る、ということがある。

その日がそうだった。

場所はたまたま東京の慶大病院内の某レストラン。最上階の十一階の窓からは、代々木の森の緑の向うに林立する新宿副都心のビルが見える。ここは夜になれば遠い光の窓が点々と連なるのが見えて眺望絶佳、某ホテルの経営だけに、味も値段も良い方である。入院患者に見舞客、白衣を脱いだ医師たち、学会に集った帰りとみえる各地の病院長とか、入り交っているのもおもしろい。サンドイッチを食べ終るころ、

「珈琲のお替り、いかがでしょう」

近づいて来たウェイトレスの態度もホテル並みである。

「あ、いただくわ。ありがと」

挽きたての珈琲の香りが立ち、味もなかなか結構。満足して一口飲んだとたん、隣席のやりとりに耳をひかれたのである。

「珈琲、おつぎしましょうか」

ウェイトレスのことばに答える女性の声。

「え？　あ、いえ、結構です」

視線を向けると、声の主は軽く手を横に振って「断り」の動作をしていた。

その時である。反対の隣りに席を占めていた三人ほどの若い女性たちの一人が、

「ここのお味、結構いけるじゃない？」

「お値段も結構だけどネ」

私は思わず眼をぱちぱちさせてしまった。

「結構」ということばを、ごく当り前に、便利に使い分けている現代の日常が、一瞬寄り集ったのである。さあ気になってしかたがない。家に帰ると『古語辞典』や『広辞苑』をひいてみた。どの辞書も大差はなく、Ⓐ構え作ること。Ⓑ計画。もくろみ。Ⓒ用意。準備。Ⓓ立派。よいこと。申し分ないこと。Ⓔ気立てのよいこと。お人好し。といったところ。現代の辞書にはⒻ十分。これ以上望まない。の一項も加わっている。もうひとつⒼまあまあ、という意味の副詞として採録している辞書もあった。

なるほど、多方面にわたって、使い勝手のよいことばなのはよくわかった。それにしても、よく間違えずに使い分けているものだ。

「結構」という語は一見してわかるように漢文の輸入語であるから、本来は男性語の系統だったのだろう。仏教用語にもあるし、軍記物などにも出てくる。それが日常語化したのは、明治維新以降、手紙文などの「候文《そうろうぶん》」が普及してからではないかと思う。

①「結構なるお品をご恵贈いただき、まことにうれしく拝受仕り候」といった、いわば「紋切り型」の書簡文などに定着して、徐々に女性語の中に入り込んだのであろう。「紋切り型」といっても、このことばの意味のわからない世代もふえているから一言すれば、きものの型染めのため、紋様（模様）を渋紙の型紙に切り出し、同じ型に染めて行く、その型紙のことを「紋切り型」という。それにたとえて、「きまりきった型式」を踏むことを称していうのである。同じ「型染め」でも、技術の粋を凝らした江戸小紋や、沖縄の紅型《びんがた》などの工芸品はすばらしいが、浴衣などの普段着は、きまり切った型で染められ、大量生産されたからである。

ところで、お茶席などでの挨拶に、
②「結構なお服加減で……」
とか、「結構なお点前」「結構なおもてなし」など、讃めことばとして、これも紋切り型の「結構」発言がある。これは前述の諸々の意味の内、Ⓓの、立派な、申し分ない、の項に当る。①の「結構なるお品」の例もこの範囲内だろうが、これらはどちらかと言えば「紋切り型」であるが故に成り立っている面がある。いわば「表の顔」を具《そな》えたことば、と思ったらよい。

これに対して、私が耳にした、
③「ここのお味、結構いけるじゃない？」

④「お値段も結構だけどネ」

の会話の場合、③はⒼの「まあまあ」に当り、④はⒹの「立派」あたりに該当するだろうか。

③「このレストランのお料理の味、十分Ⓕおいしいと思わない？」

④「おいしいけど、値段の方も立派Ⓓね」

という会話ではあるが、③の「結構」には「思いのほかに」というニュアンスもあり、「まあまあⒼおいしい方」という意味もあって、とてもFの「十分おいしい」ということにはならない。

相槌を打つ方も、「まあまあⒼおいしいのは同感だけど、それにしても値段もいいⒹわネ」と、Ⓓの立派、に皮肉をこめている。値段が高いのだからおいしくて当り前、というのである。いわばことばの「裏の顔」である。

このように「結構」ということばには、語意のニュアンスをひろげ、膨らませる性質が付与されているのに気付く。

⑤「どうですか、今晩、一パイ……」

「お、結構ですなぁ」

⑥「もう一本、いきますか」
「いや、もう結構です」
⑦「少し言いすぎましたかなぁ」
「いえ、結構なご意見、肝に銘じました」
⑧「ここは私が持ちますから」
「それはいけません。割り勘で結構ですよ。それで行きましょうよ」

サラリーマン結構氏は、このように「結構」を十二分に使い分ける。それぞれ「いいですね」「十分です」「立派な」「いいです」と言い換えることができるであろうが、⑤の「結構」と⑧の「結構」は、同じ「いい」でも微妙にニュアンスが異る。また、⑥の「十分」も、⑦の「立派」も、すべて「いい」に転換できるところにも注目しよう。

⑤「お、いいですなぁ」
⑥「いや、もういいです」
⑦「いえ、いいご意見、ありがとう」
⑧「割り勘でいいですよ」

「いい」という簡単なことばに比べると、「結構」の方がかなり格式張っているともいえる。「いい」で表現したのでは、対人関係はわからないが、「結構」になると、相手がいくらか年長、もしくは上司であるらしいことがわかる。つまり「いいです」よりも「結構です」の方が丁寧なのである。敬語を改めて考えるときには、「下さる」「くれる」や「あげる」「やる」のような基本的なことば以外に「語の選択」そのものに敬意が入るかどうか、という問題が起ってくる。

ところで、上に摘録した会話の中で、「お」とか「いや」とか「もう」とかいうほんの一語がつくかどうかで「聞きちがえ」問題も出て来るのが厄介である。

⑨「君、北海道が好きだから、札幌に転勤してみない?」

「結構です」

この場合はどうだろうか。「結構です」は肯定なのか否定なのか。たとえ「いいです」に切り替えてみても、「転勤」することに対して「了解しました」なのか「しなくていいです」あるいは「そんな話はして欲しくない」のか、全然わからない。どちらとも受けとれるのである。

前にあげた例においても、「お」「いえ」「もう」などの、接頭語的一語を聞きとるか聞きのがすかで、意味は逆転してしまう。まして⑦の場合など、「いえ」

と否定語を冠っているにもかかわらず、「結構なご意見」は肯定されているのであって、必ずしもこの法則はあてにはならないようなのだ。

結構ということばは、本来は組み立てるとか構えるの意であるから、建物用語として用いられたのであろうが、例えば室町時代などに絢爛とした堂屋が造作されはじめたころ、讃めことばとしての意味を持ちはじめたのかもしれない。古くは鎌倉時代の仏殿建築などで「結構」の語がありそうに思うのだが、なかなか行き当らない。古来日本には、新築の家を言祝《ことほ》ぐ「家讃《やぼ》め」の伝統があり、古典落語にもその面影を止めているが、「結構」が「立派な」「申し分ない」などの意味を持ちはじめたのは、この「家讃め」と関わりがあるのではあるまいか。

茶人たちが「結構なお点前《てまえ》」と挨拶するようになったのはいつからなのか。さまざまな変遷の経緯はあるにしろ、「結構」が現代語の中に位置するとき、大雑把に言って三つの意味を持つように思う。

①肯定的な結構　これは本来の讃めことばとしての意味。また、同意を示す場合。

②否定的な結構　多くの場合「いや」などの拒否の語を伴う。「もう」を伴う場合は、「もう、十分です」という意味で、これ以上のものを拒否することば。

③「なかなか結構」など、「思ったよりもよい」意で、①を限定して使う場合。「なかなか」は「却って」の意と共に本来「どっちつかず、中途半端」の意を含む。

この「なかなか結構」という言い方も曲者《くせもの》で、日本語のニュアンスとしてなかなか翻訳しにくいことばのひとつだろう。ともあれ、この厄介にして重宝な、一種の丁寧語「結構」の一語が、日本語の〝感性言語〟としての性質を、かくも深く帯びていることに、あらためて驚かされる。

こんなややこしい一語をこともなげに使いこなすのが日本人であり、日本語のおもしろさでもある。ことばは使わないと死んでしまう。尊敬語、丁寧語も、使ってこそ生きるというべきであろう。

女ことばのやさしさ

いわゆる「敬語」でなくても、ことばづかい一般に、粗暴、と言ってわるければ、目の粗い感覚が横行しているのは、世間そのものの流れなのだろうか。このまま座視していいものなのだろうか。

最も身近なところで影響を与えずにはおかないテレビの中で、最近とくに多いのがグルメ番組。それも「料理の鉄人」のころは熱気があって、結構おもしろかったが、近ごろ〝グルメ〟を称する食べもの番組がやたらにふえたのは考えものだ。地球の半分では餓えて死んでいく子どもたちも多いというのに、日本のテレビといえば人間の本能の内の〝性〟と〝食〟の解放ばかり。それほど今まで庶民が貧しかった、その反動ということなのかもしれないが、古いことばでいえば〝プチブル〟的でどこかいじましい。

そういいながらそのテレビ〝食番組〟を見ている私も私だが、気になるのは最近、女性タレントがものを食べて言うのに、

「うまい！」

と発言すること。ボキャブラリーが少いために「おいしい!!」の連発で表現の終ってしまうのはテレビの常だが（「料理の鉄人」の人気は、批評するのに、参

加者が必ず、どこがどのようにおいしいか、はっきり表現していたから支持層が厚かったのである)、あっけらかんとした若い女のコが、

「あ、うまい！」

「すごーくうまいよ、これ」

と発言しはじめたのはごく最近のこと。いくら何でも、しつけが悪すぎないか、と思う。

「うまい」ものは「うまい」のだ、と言われても、「うまい」は女ことばとしては使われてはいなかった。野郎ことばである。

女ことばには独特のやわらかさがある。思えば、男女共学以来、ことばの乱れには一層拍車がかかった。さらに男女同権思想のはきちがえから、自ら女ことばを捨てた女性も多かった。しかし、しつけのよい丁寧語は、男性女性にかかわらず耳にさわやかで美しくきこえる。それがわざとらしく聞えないのは、幼いころからの家庭のしつけが身についているからである。「ことばのしつけは家庭から」、が基本である。ことばは、時と場と場合により、いわゆる「TPO」によって、「使い分け」をしなければならないが、ことばの使い分けのできる人は、基本語

法をよく知っているものだ。

女のコが公開の場で「ウマイ!」を連発するのは、いかにも家庭のしつけがよくない感じがする。何も「いいお味だこと!!」などとわざとらしく言う必要はないが、「うまい」というぞんざいな口調を聞いていて、いい気持はしないのがふつうだろう。「天は人の上に人を作らず、人の下に人を作らず」、人間なべて平等とはいえ、ことばによって育ちのよさわるさが丸見えになるということは、知っていていいことなのではないかと思う。ことばづかいは訓練すればよいのである。

終戦後まだ間もない時代、アメリカ軍が進駐して来て、東京に駐在していたころ、のちの立教大学総長、松下正寿氏夫妻の家に、女性兵士たちがよく遊びに来ていた。焼跡の、まだ何もない東京である。女性の将校や下士官たちには格好な遊び場がないため、アメリカの大学出でクリスチャンの松下夫妻が、自宅でパーティーを開いて、日本の民間人との交流をはかっておられた。

私はまだ十代であったが、夫妻の姪御さんと同級生だったこともあって、時々泊りがけでパーティーの準備や跡片づけを手伝いに行くことがあった。パーティーに集って来た人々には一応家の中を案内する。寝室がオーバーや荷物の置

き場になり、化粧室の場所なども示しておくのが通例であった。泊った時には、朝、ベッドから出たら上掛けを三角に開いておき、朝食が終ったら一度必ず部屋に引き上げて、ベッドを直すのだというようなことも、その時に教えられたことである。体臭や熱気を抜くためのマナーなのだそうである。

あるとき、カーキ色の軍服の女性将校たちを出迎えると、中に一人の日本人二世がいて、玄関を入るやいなや、

「BENJODOKOデスカ」

と訊ねた。

「?・?・?・」

二度ほどきき直して、はっと気がつ

いた。「便所ドコ？」なのである。切迫しているのは連れの白人将校だった。大あわてでトイレに案内して事無きを得たが、このとき二世の発した「ベンジョドコデスカ？」のことばが、後々まで心にひっかかってしまった。

たしかにそこは「便所」である。日系二世にとっては、父や祖父などの使っていたであろうその語が「日本語」だったのであろう。しかし、もし彼女が日本で育っていたら、彼女は果して「ベンジョ」と言ったであろうか。戦前、一般家庭でのそこの呼び名は、女たちの間では「ご不浄」であり、「お手洗い」であった。学校などでは「洗面所」と書いてあったと記憶するが、女学生仲間では「オテアライ」がふつうで、親しい仲間だと「ゴフ」（ご不浄の略）、しゃれて言う時には「トワレ」とか「トイレット」も使われていた。英語の「トイレットルーム」が本来なのだろうが、フランス語風発音で言うのである。

フランス語風に言う、といえば、母などの世代は、お金のことを話すとき、マネーとは言わずに「アルジャン」と言っていたのを思い出す。むきつけに金銭のことを口にするのを恥じる風があったのだろう。明治大正の女性は、ことばに非常な注意を払っていたのである。

いまや「トイレ」が日本語の中に定着した感があるが、これに「お」をつけて「おトイレ」という人がたいへんに多いようだ。関西風に「お芋さん」「お鯛さん」というのにいくらか似ていようか。

東京赤坂に「にっぽんの洋食」として独特の洋風料理を築いた「赤坂津つ井」の初代筒井厚惣さんは、シャレの大好きな人だった。彼の店のつき当りの扉には、「録音室」と書いてあった。一見さんのお客は戸惑うが、実はこれ、何のことはない、「おトイレ」なのである。録音、すなわち「音入レ」。放送や音楽関係の業界用語である。近くにＴＢＳのテレビ局やＥＭＩのレコード会社などがあるから、わかる人にはすぐわかる。

余談だが、この店の入口には「婦永遠」と書いてあった。さて「録音室」はわかっても、これが読めない。読める人がいたら表彰もののもじり読み。「夫婦(めおと)」の「婦」だけだから「おと」、「永遠」は「とわ」と読むから、濁点がついて「どわ」。要するに「オート・ドア」なのであった。昭和四十年代の話である。

こうした店でも「おトイレ」と「お」をつけていたことを思い出すと、女性二世兵士の「ベンジョ」発言がいかに私を戸惑わせたか、想像していただけるかと思うのである。

ことばの選び方には、それぞれの立場によって違いはあろうが、そこに女ことばの伴うやさしさという視点を加えることで、かなり粗雑さが消えるのではないか、と思う。

慶祝ムードいっぱいだった「新宮さま」のご誕生については、敬語をどう扱うか、どうやら大さわぎであったらしい。皇室だからといってわざとらしく特別に敬語を使うのもどうかと思うが、報道を耳にしていて、ずい分失礼な言い方をするな、と思った人も多かったはずである。

『週刊文春』(平成十三年十二月十三日号)の「新聞不信」欄によれば、宮内庁の発表は「皇太子妃殿下には、本日午後二時四十三分、宮内庁病院においてご出産、内親王が御誕生になりました。御母子ともお健やかであります」というものであったという。敬語も大げさでなく、礼を失することもなく、過不足のないところ。

新聞各社一面トップの大見出しは、朝日、読売、毎日、日経は〝事前に打ち合わせでもしたかのように〝「雅子さま　女児ご出産」でみごとに統一されていたという。産経だけは「内親王さまご誕生」の見出しだったそうだ。

先日京都に行ったら、垂れ幕のほとんどが「新宮《しんみや》さまご誕生おめでとうございます」となっており、東京でも「新宮」が使われ出している。皇女と内親王がどうちがうのか、また皇女という言い方の是非はともかく、「女児ご出産」という表現には、実際のところ、私の世代にはかなり抵抗感がある。

仮にわが家に新しい女の子を授かったとして、「女児ご出産おめでとう」という祝電が来たらどんなものだろう。「ご出産」も発表例はともかく、やや生々しい。

他にも皇室なら「姫宮」とか「若宮」とかいうことばも使えるだろうし、「新宮さまご誕生」程度のやさしさにおちついてやれやれ、とこちらの心もおちついたのであった。皇室だからといってとくに敬語をつけるのはよそう、というコンセンサスがジャーナル界にあるにしても、一般人の感覚で違和感を持つような語には、なるべくやさしい弾力を持たせることを忘れたくない。何事も段階的に行なわないと、「ウマイ!!」と発言して得々としている美人タレントたちを増長させることになりそうである。

ただ、「ウマイ！」を「オイシイ！」に単に置きかえてみても、それでいいかというと、これまた難題である。要するに、ものを食べた時の美味に感激した表現が、これしかない、というところに、むしろ問題があるからだ。

「おいしい？」

「うん、おいしい」

正月の餅つきの場の映像で、アナウンサーの質問も、マイクをむけられた子どもの返事も、これが定番である。さすがにこれではいけないと思ったのか、アナウンサーが問う。

「どんなふうにおいしい？」

「うーん、甘いところがおいしい」

ああ、貧しい哉《かな》、日本語。何とかなりませんか、皆さん。

謝ることば

駅の長いエスカレーターにのっていたら、右側を駆け下りてきた青年の荷物がどーんと当った。左肩に大きなショルダーをかけて、左手はズボンのポケットにつっこんでいる。私は危うくコケそうになって、はて、真中に寄っていたのかな、と見回したが、通れないほど狭いわけでもない。青年はふりむきもせず駆け下りていき、むろん謝《あやま》る一言などのこしはしない。次の人にぶつかるだろう、と見送っていたら、背中のがっちりした男性の近くまで行って止った。明らかに、私にぶつかったのはわかっているのだ。体躯堂々の男性にはぶつかるのを避けている。強い者にはさわらぬ神に崇りなし、かよわい（！）女には「ごめんなさい」の一言もいわぬどころか、無視。わが行動に責任はとらないのが今日的なのか。

こういう無責任人間の激増を怒ってみても仕方ないが、気づいてみると、他人に対してあいさつの一言を掛ける人の、何と減ったことだろう。とくに、「謝る」という行為が減ったのはなぜなのだろう。

三十年ほど前アメリカに渡ったとき、まっさきに注意されたのは、「車で接触事故など起したとき、素直に謝っちゃダメ」という忠告であった。先に謝ると、自分が悪かったことを認めることになってしまい、同等の責任ということにはならないからだ、という。裁判王国アメリカならでは、のこのルール、日本人には、とてもなじみにくいものだと思ったが、いつのまにか、自分から謝っては損をする、という思いこみがひろまったのでもあろうか。

　それにしても、日本語のなかから、「謝ることば」の少くなっているのに驚く。大体、役人でも警察でも会社でも、逮捕者が出るときまって、上層部の人々がずらりと並んで、

　①「まことに申しわけありませんでした」

と、頭を下げる。頭は下げるが、何もオレのせいではない、と心底では思っているとみえて、誠実味が少しもなく、頭を下げれば終り。打ち上げの儀式に過ぎない。本人に謝罪させればいいのに。ついでに上司や監督者の不正を申し訳にすればいいのに。

　亡くなった老母が、こんなことを言っていた。

「何でこのごろの人って、何にでも〝スミマセン〟て言うの？　ことばの使い分けができないのかしら」

　母に言わせれば、スミマセンで皆が済ませていることばは「ありがとう」「ご

めんなさい」「恐れ入ります」「申しわけございません」「悪いけれど」など、幾つにも使い分けていた意味がごっちゃになって「品《ひん》がよくない」のであった。

聞いていた私は思わず首をすくめた。
②「スミマセーン、ここ珈琲下さい！」
③「スミマセン、お先に帰ります」
④「あっ、スミマセン！　大丈夫ですか？」
⑤「きのうはスミマセンでした」
⑥「毎度どうもスミマセン」
まぁ大体は、どういう場合か見当がつくだろう。便利といえば便利であるが、そもそも何が「スミマセン」なのか。ためしに『広辞苑』をひいてみると、ちゃんと出ていた。

「すみません――（〝済まない〟の丁寧話。物事がうまく決着せず、また自分の気持が落ち着かないという意から）相手に対して謝る時、礼を言う時、頼む時などに使う語」

用法としてはわかったが、語のルーツは出ていない。おそらくは「気が済ま

ぬ」なのであろうが、戦前には、

⑦「相済みませんでした」

という言い方をよく耳にした。やや角張った、武家風の「相済まぬ」の現代風転訛だろう。

母の時代の語感からいうと「スミマセン」は「蓮っ葉《はすっぱ》」な感じで、屋敷町では使わなかったという。

では謝ることばとしてはどう言ったか、といえば、東京山ノ手あたりでは「ごめんあそばせ」がふつうだった。「遊ばせことば」というのは特別格の高いことばであったわけではなく、相手を尊重すれば自然に出てくる類の地域的フツウ語だったのだが、女学生たちにかかると、これが速度と省略を伴って独特のアクセントを持つ。

⑧「ご免《めん》あそばせ（ごめンあっさっせ）」

語尾に透明感のある擦過音と開放音が入るから、何となく耳ざわりがよいのである。重たるく言うとわざとらしくきこえる。

その世代の一般的な謝りのことばには、

⑨「しつれい！」

というのがあった。「失礼！」である。人にちょっとぶつかったときや、お茶を出そうとしてちょっとこぼした時など、短くて都合がよい。間髪を入れずに謝ることができるからである。私などは今でも重宝に使っていて、少くとも「ごめんあさぁせ」（年を重ねると「あっさっせ」が「あさぁせ」に変ってくる）のように人から白眼を向けられる事は少い。「遊ばせ」言葉はどうも優越感を伴うように誤解されやすいからである。

それにつけて思い出す謝りことばに、

⑩「失敬！」

という男性語がある。これも現代でも年配の方の口から聞くことがあり、いくらか上下関係ののこっている間柄の中で、上から下へ言う謝りことばである。

短歌の恩師、故・佐藤佐太郎のところに出入りしはじめた戦後のこと。先生は烟草《たばこ》好きで、物のないあの時代、それこそ英語辞書を破いて、配給の刻《きざ》みたばこを自分で巻いて（手巻きにするのに〝たばこ巻機〟という手動の小さな機械があった）、原稿書きの合間に吸っておられた。あるとき、大きな卓をはさんで、向い側で仕事の整理を手伝っていたとき、マッチの火をつけた先生の手から、火がバッと飛んで来た。戦後で、マッチも粗製濫造《そせいらんぞう》（ああ、こんな言葉も消えて行く！）の時代であった。びっくりしている私に、先生は「失敬！」と言って、平手で火を消された。そのときの時をはずさない謝りことばが、私にはたいそう印象にのこっている。

謝りのことばは、「時をはずさない」タイミングを要求される。短い方が使い易いのはたしかである。しかし、余裕があれば、
⑪「失礼致しました」
くらいの丁寧語を使う方が女性らしくやさしくきこえる。男女差別だセクハラだと言っている世相の中でも、若い女性がきれいなことばづかいをすると、いっそ

う魅力的にみえる。

きのう横浜を歩いていたら、乳母車《バギー》を押している茶髪の若い母親がレストランのショーケースをのぞいていた。

――飲茶《ヤムチャ》にしようか。うまそ。

――これ食う気ィ？　ダメだよ、腹減ってんだから！

ことばだけではまさに男性。いいのかな。こういう母親がふえたとして、その子どもがまたふえたとして、「会話の美しさ」なんて言っている私の行為はまさに虚しい？

しかし、それでも、それだからなお、日本語の話しことばの美しさを伝えて行きたい。

わざとらしい敬語をムリに使うことはない。しかし、相手を尊重する気持があれば、たとえ「スミマセン」語であろうと、日本語を護り、次代に心を継いで行くことはできると思うのである。

たとえば江戸のやくざなどが、
⑫「ごめんなすっておくんなせぇ」

などと言うのは、何となく心にすっと入って来そうである。この系統のことばは、「ごめん遊ばせ」と同系統で、相手の「お許し」を乞う形である。TVドラマで家政婦役の市原悦子が、新しい邸を訪ねることばは決っている。

⑬「ごめん下さいませェ」

許しを乞う言葉がどうして訪問の時や人を呼ぶ時に使われるのか。

⑭「すみませんが……」

⑮「お手をとらせて申し訳ありませんが……」

いずれも、「……が」「……けれど」が消えた形なのである。つまりは、相手を呼ぶ時に、相手の立場を尊重し、思いやって、まず「許しを乞う」のである。こういう所が、日本語のもつ〝心〟の美しさである。が、その〝心〟が忘れられて、記号のように使われてしまうのが、何とも悲しいのである。

駅のエスカレーターで私に重いバッグをぶつけたあの無神経な青年が、もし一言「スミマセン」とでも言ってくれれば、こちらの気持はそれで収ってしまうものなのだ。ことばは〝心〟を伝える。「スミマセン」が蓮っ葉であろうと品が悪かろうと、謝る心が伝わるのが先決なのである。

らくに謝るにはどうするか。まず「口にする」ことだ。そして人の言葉には答えることだ。

朝の通勤電車で、揺れたとたんに隣りの紳士の足を踏んでしまったとする。

⑯「あっ、すみません!」

⑰「申しわけありません」

どれでも結構。隣りの紳士は、取引先の社長が、わざと電車通勤しているかもしれないのである。

それがもとで、子息の嫁に、なんてことがないとも限らない。また反対に、足を踏まれて謝られたら、

⑱「いいえ」

と、ちょっとほほえんで肯《うなず》き返すくらいの余裕は、洗練された女性たちなら必ず持っていたいものである。

省略語と「間」

前に私は、「敬語」を守るという意図を以て行動することが、いま、日本語がどんどん崩壊していく現状の前でいかに無力であるか、という実感を正直に書いた。

日本語はここ数年の間に、崩壊の速度をぐんぐん速めているようにみえる。その中で最も明らかに崩れているのが、会話の中の敬語である。しかし、無力感は別として、この稿を書き継いでいるうちに、だんだん見えて来たことがいくつもある。ここでしばらく、「ことばづかい」の基本をもう一度考えてみたい。

現象として気付いたことを拾ってみると、「日本語の表現」に関して、

①ことばの語彙が極端に減って来ていること。

②語彙自身、短いものが好まれること。

③オノマトペ（擬音語・擬態語）がふえていること。

④男ことば女ことばの差が無くなってきていること。

などにいちじるしい特色がある。それに附随して、

⑤会話の中では対等感がつよくなり、敬語に関して必要性が減ったこと。

⑥日本人全体が人間の尊厳について教えられていないこと。

などにも注意しなければならない。「相手への敬意なくて何の敬語」かとは、くり返し書いて来たが、相手のみならず、人間存在に関して、又形は何であれ、人知以上の力に思い至る機会を持たないままに成人したオトナが多すぎるのではないか。

このことはまた後から考えるとして、最近、ことばの誤用の多いことにしばしば驚かされる。以前は校閲がしっかりしているので常に模範となっていた朝日新聞も、話しことばの標準とされていたＮＨＫも、最近かなりの乱れがあるのは、校閲側の世代の〝常識〟の質が変化して来ているのだろうと思う。「難しいことばは使わない」「標準となる当用漢字以外はなるべく使わない」のは、傾向として悪くはないが、何も間ちがって略すことはあるまい。今その例を挙げられないのが残念だが、少くともジャーナリストたちは、全国一般の人々の「日本語」をリードしているという自覚を、心の隅々まで持ってほしいと思うのである。

以前は記者には名文家が多く、一読して読者を感服させたし、アナウンサーは実況放送の中でその表現力を遺憾なく発揮した。今だってそうだ、と言われそうだが、現実に聴取者を「ことば」によってしっかり捉える人が何人いるだろう。

国会答弁にしても、シッポをつかまれないためのあいまい表現に終始する。「多くを語らず」は美徳なのかもしれないが、「鋭意調査中です」などという「きまり文句」でのらりくらり逃げては有権者をいらいらさせる。

　高校の先生に聴いた話では、現代の子どもたちはいわゆる「テレビ馴れ」「マイク馴れ」していて、意見を求められると、はっきりと意見を言うことが出来る。うまく答えるのである。しかし、友だち同士での会話はへたな子が多く、なかなか胸襟《きょうきん》を開いて語り合える友だちが出来ないのだという。先生曰く「〝胸襟を開いて〟なんて言っても、何のことかわからないでしょうね。実際に制服のボタンをはずすことだなんて思うかもしれませんし」。

　ただし、教えればすぐに身につくのが若さの特権で、近ごろ漢文教育が見直されて『論語』を知るのがブームだともきいた。

　同じ短い語彙でも、古い諺や『論語』の一句などなら、内容が濃いのだから、知っていて損はない。以前は「アフォリズム（箴言《しんげん》）」好きな学生が多くて、多くの知識を競い合ったものだ。

　しかしいまここでは、「自分のことば」でものを言おうとすると、なかなか咄《とっ》

嗟《さ》には論理的に表現できない、という現実を言いたいのである。日本語には「感性」が優先され、大切にされて来た面があり、「阿吽《あうん》の呼吸」が大事にされて来たこともあって、短いことばのやりとりで「腹芸《はらげい》」と称される受け渡しが可能である。だからといって、

誰に向っても、

「おい、行くか」

「うん」

では困るのである。

「何食う」

「ソバ」

長々しいよりは短い方がいい。たしかにその通りである。だからといって、

構文を成さない言語が、誰との間でも成り立つのだろうか。

会話には、相手との間の「距離」によって変わる「ことばづかい」がある。
⑦「おい、行くか」
「はい、お伴します」

これは上司と部下。
⑧「どう、昼めし食べに行きませんか」
「いいですねぇ。ご一緒します」

同じ上司と部下でも、部下の方が年上のようだ。
⑨「お昼、ご一緒にいかがでしょう」
「あ、ありがとう。皆で行きましょうか」

どうやら、主任が部長を誘っているらしい。

こう見てくると、上下の身分関係とことばの構文の長さには、明らかに関わりがありそうである。人間すべて平等で、上下関係一切なし。人間は階級や属性で価値が変るとは思わないが、社会の成り立ち、人間の本性からいうと、上下関係があるのが当然のようでもある。相手に対する敬意が、自然にことばづかいを変

える。それを無視して平等語を使うと、
「あの人、何であんな威張った口きくの」と白眼を向けられる。日本語の中で「敬語」が大切にされるのは、相手の「人間の尊厳」をつねに尊重し、傷つけない精神が働いているからである。乱暴で横柄《おうへい》な口のきき方をするのは「親愛の表現」だと勘ちがいしている人々もいる。しかし、そこにはあきらかに精神的な洗練が欠けているだろう。

それにしても、ことばづかいは、丁寧になるに従って、ことばは長くなる。ぞんざいなほど、短く、省略が多い。

省略が多いということは、くらしが全体に急テンポになり、短縮が美徳（?）とされる現代には、或る程度は必要なのかもしれない。電話でもファックスでも、世界中あっという間に繋るご時世である。しかもフレーズの長さで料金もかかるとなれば、なるほど短縮語法は、現代のビジネスマンにとっては必要悪なのだろう。それにしても、わけのわからない短縮語の横行には、自分のペースまで狂わされてしまう。TV欄の「スマスペ」「ミニモニ」などというのは、百年後はおろか二十年後には意味不明になるだろう。「スマスペ」?「スマップスペシャル」

でしょう。「ミニモニ」？「ミニ・モーニング娘。」でしょう。ずいぶん、発信元が横暴だと思いませんか。受け手が「補って」知ることを前提にしているのだから。内輪の会話ならともかく、子どもから老人までの一般視聴者がいるのだ。「ことば」を伝達手段とするマスコミ（これも略語だが）は、もう少し考えてほしいと思う。

「㊙スペシャル」なんていう題名も多い。「マル秘」は公官庁から発生した「秘密文書」の意のことばだろう。日本国中、今や略語天国というか、それに疑問を持つ人さえいなくなっているのが恐《おそ》ろしい。略語が判らなければ時代に取り残されそうな恐怖感を、お互いに増幅し合っているのではあるまいか。

もっともこれには、カタカナ外国語の氾濫という、グローバル文化の時代趨勢と深い関わりがあるのだろう。イラク戦争の解説を聞いて皆が納得した「ネオコン」四人組の強硬姿勢、ちょっと聞いただけでは、大疑獄を起した「ゼネコン」とまぎらわしい。「ネオ conservative《コンサバティヴ》」（新保守）と「ゼネ（general）contractor《コントラクター》」の両方が「コン」なのである。ゼネコンの「コン」も「請負」のことで「建設」の「construction」とは違うなどとは、気にかかって調べるまで、私には全くわからなかった。大手建設請負疑惑、ではいけないのかしらん。

それはともかく、会話の中で発することばが「短く」「速く」なっているのは確かである。昔のように長々とあいさつをくり返し、お辞儀をくり返す時代はもう終った。しかし、「短くて速い」日常会話は、相手に対して思いやりがない。十年程前に亡くなった伯母が、「このごろの若い人のことば、何を言っているのか、ちっともわからないわ。きちんと話してくれないものかしら」と、TVのトーク番組に文句をつけていたのを思い出す。

その頃よりももっと、今は速度が増している。流行の漫才若手コンビのかけあいなどは、ただ「かしましい」ばかりで、ちっとも「間《ま》」がない。先日、すっかり年をとった夢路いとし、喜味こいし、の兄弟ご両人が登場しての漫才には、若い観衆も割れんばかりの拍手を送っていた。「間」をとって喋るから、ことばが聴き手にきちんと伝わる。しかも「間のび」は全くしない。遅い感じもない。掛け合い漫才のおもしろさを堪能したひと時だった。その反応をみると、若手漫才は笑いを取ることにばかり気を取られて、笑いを強制する。「間」のあくのが怖いのではないか、と私には思われた。ことばが速くて反応も速いことだけが今目的だと思うのは錯覚でしかない。短いことばにはそれなりの効果はあっても、終ったあとの「余韻」がない。「間」とは、無意味な空白ではなく、目に見えぬ息づかいにみたされたゆたかな空間なのだということを再認識しておきたい。

Study 5

洗練された会話は敬語から生まれる

再び「あいさつ語」について

「あいさつ」について再度検討してみよう。

ことばづかいの出来ない人のことを、「ろくにあいさつもできない人」という言い方をすることがある。通常家庭でしつける最低線が、人との間に交す「あいさつ」であることは今でも変わらないと思うが、実際には家庭や学校での「あいさつ」がしつけられていないことも多く、「あいさつも知らないヤツ」が増えている。

「おはようございます」「あ、おはよう」と朝のあいさつが交されるとき、親なり保護者なりは、子どもの顔色を見てその健康状態と心の状態を一瞥《べっ》で看取する。家父長制のつよかった戦前では、子は親に対して「ございます」の敬語をつけ、親は受け答えに敬語はつけず、親愛を示した。今の世の中、平等を旗印にしすぎたために、親子は総じて友人関係に近くなり、多くの家庭では気軽に、

「おはよう!」「あ、おはよう」

という。それでもよいのである。少なくともお互いに朝の挨拶を交すところに、親愛も相互認識も家庭の絆のたしかめ合いも存在するからである。

ところが近ごろ「おはよう」の消えた家庭が結構多いという。私の乏しい経験の中でも、子どもが中学一年のころ、こちらから「おはよう」と声をかけても、

返事の返って来ない時期があった。学校が変って遠くなり、友人の質も変り、朝早くから出かけるようになってからである。私は小学校で二度の転校を経験しているので、その気分がわからぬわけでもない。不安に駆られながらも毎朝「おはよう」のことばをかけ続けた。経験的に「どうかしたの?」と聞いても「何もない」としか返事は返らないとわかっていたからである。根気よく毎朝「おはよう」の一言をかけつづけた。心はそれどころではないが、何も言わずに見守る日がつづき、半年近く経ったある朝、朝食もとらないで出かけていく子に、お弁当を渡しながら「おはよう」と声をかけたとき、思いもかけず「おはようございます」とぶっきら棒なあいさつが返って来た。でも、目を合わせることはせず、無表情のまま出かけていった。「やったあ!」と思わず心で叫んだが、こちらも知らぬ顔。翌日から「おはようございます」と向うから声がかかるようになり、一月もすると勢いよく「おはようございまァす」と笑顔で言うようになった。顔色もよくなり、動作も活発になっていった。

朝のあいさつというものの持つ意味を子どもから教えられたような出来事であった。

ところで「あいさつ」（挨拶）とは何か。このことには一度触れたことがあるのだが、『仏教用語辞典』によれば、「挨は軽くふれること、拶は強く触れること。また禅家では、師が弟子に対して問答し、その深浅を試すこと」などとある。一方、『大漢和辞典』の語釈を見ると、「挨」の字義は「①うつ。背をうつ。②おす。おし進める。③おしのける。④せまる」などがある。「拶」にも「①せまる。②せめる」の意があり、古くは婦人の拷問に指をせめる刑法があって「拶子」といったとか。

それはともかく「挨拶」の項には、

①おし進む。前に在るものを推し除けて進み出る。

②禅家の語。門下の僧に推問答して、その悟道知見の深浅を試みること。

③消息の往来。④うけ答え。⑤答礼・返礼・報酬。

とある。日常に使う「あいさつ」の語意は、この中に一応網羅されているだろう。「ご挨拶にまかり出る」「挨拶状」「歳暮の挨拶」「ご挨拶のみ申し上げます」などなどがそれである。人との間にコミュニケーションをとるための基本の応答、と要約してもよいだろう。そう考えると、「あいさつ」は対人関係の大切な基礎

であり、家庭のしつけとして重要課題のひとつであることは確かである。

さて、「あいさつ」と敬語はどういうつながりを持つか。日常の「あいさつ」を検証してみよう。

Ⓐ「おはようございます」

この「ございます」については前に詳しく書いたが、「おはようございます」はひとつの成語として、最も一般化した「あいさつ語」であろう。朝はじめて顔を合わせた人間同士の、さりげないが大切なひとことである。近所の人、勤め先の人、誰に対してこのことばをかけても不自然ではない。昔は外国に行ってホテルに泊ったときなど、エレベーターに乗り合わせると誰からも「グッド・モーニング」「グーテン・モルゲン」などと気さくに声がかかったものだが、最近は都会ほど、声をかわすことが無くなったようだ。見知らぬ人には声をかけない、警戒する習慣が、いつのまにか蔓延してしまったらしい。さびしいことだが、これが世の中の変遷というものだろう。

「あいさつ」は「うけ答え」である、と書いたが、「おはようございます」に対する返事は、親しい仲や年上、目上の人から返るのは「おはよう」がふつうだろう。「お早うさん」という上方風の返事もやわらかくてよい。「おはようございます」は、めずらしく敬語が自然に生きのこった例のようにも思われる。

Ⓑ「いただきます」

食事をするときの「あいさつ」だが、ここでは丁寧語的に敬語が生きている。感謝の心があり、神仏に対するひとことでもあろうが、返事としては「はいどうぞ」「どうぞ召し上がれ」であろう。しかし現今は、返事は省略されることが多いようである。

「いただく」は「食事を食べさせて頂く」のであって「食事を食べさせてもらう」からといって食事のあいさつに「もらいます」とは言わない。やはり敬語なのである。

明治時代あたりまでは、娘たちに自ら「いただきます」と言わせるしつけはしなかったそうである。商家や武家では、主人に対して奉公人たちが「いただきます」と言うので、このことばは使用人のいう言葉だという認識があったらしい。しかし神仏への感謝という意味、米を作る人々への感謝という意味で、大正末期ころには「いただきます」は一般のあいさつ語となった。ただし他家で食事に呼ばれた際には「どうぞ召し上がれ」と言われてから「では頂戴いたします」「お相伴《しょうばん》させていただきます」などの語で応えて箸をとる、というのが順序であったようだ。

Ⓒ「さようなら」

一般に多用されている「さよなら」は「然様《さよう》ならば」であって、元来「接続語」であった。武家ことばの代表のように言われる「然様《さよう》、然《し》からば、ご尤《もっと》も」の「然様、然らば」と同じである。歌舞伎などの舞台の別れの場では「さようなれば、方々《かたがた》さま……」などのセリフとしても生きている。「そういうことなら」「そういうことですから」などの意で「さようならば」「さようなれば」と両用されたのであろう。父の養母は文久二年生まれの江戸育ちだったが、「さようはなら」と言わずに「さようならば」と、はっきり「ば」を発音することがあって、何かふしぎに思っていたが、本来の「さようならばここにて失礼致します」の意だったのであろう。

「さようなら」に対する応答は同じく「さようなら」が一般的だが、相手が目上である時は、私の世代ではただ「さようなら」と簡単に言うことはない。「では、失礼いたします」がふつうの別れのことばである。「さようなら」では簡略に過ぎて、それこそ失礼に思えるからである。いわゆるTPO、時（Time）、所（Place）、場合（Occasion）をわきまえているべきで、誰にでも「こんにちは」「さようなら」だけでは、やはり素養を疑われても仕方があるまい。一種の学生ことばの軽さがあって、「こんにちは」「さよなら」だけしか使えないのでは困る場合がある。

Ⓓ「こんにちは」

このことばがあいさつ語として一般化したのは、戦後なのかもしれない。それまでは例えば勝手口からのぞいたご用聞きの酒屋さんなどが「こんちわー、三河屋でーす。本日のご用は？」などと声をかける時のあいさつ語であった。漫画の

『サザエさん』の連載はそのまま時代の移り変りを示していると思うが、あそこにも「三河屋」サンの小僧さんの「コンニチワー」がよく出て来たものである。

「こんにちは」の下はどう続くのか。「今日は、よいお日和《ひより》で……」「今日は、ご機嫌よくおすごしのようで……」「今日は、ちょっとお祝いがありまして……」――いずれも「こんにちは」なのであって、省略があり、その省略も多種にわたる。しかし多くは一番無難な時候のあいさつ「今日はよいお日和で」の意を含むだろう。が、雨の日も嵐の日も雪の日も「よいお日和」とは言えないから、「今日は」すなわち省略語があいさつとして定着したと思われる。

女子大を出て間もないころ、ある小説家の秘書をしていた。そこへ、さる出版社のオーナーが、新しい奥さんを連れて来た。玄関を入るやいなや、厚化粧の新宿風おネエさんが、「こんにちわー」。

これには作家の先生も夫人も私もあっけにとられてしまった。ふつうなら「はじめまして」か「ごめん下さい」位は言うのだろうが、全くあっけらかんと先に立って座敷に入る若い新妻に、中年のオーナーは顔をゆるめっぱなしだった。あの頃から、「こんにちわー」が大手を振って闊歩《かっぽ》しはじめた、と思うのである。

「くれる」再考

再々とりあげている敬語表現とルール違反について、中でも年輩者が最も不快に感じているのは、⑴「くれる」を上長者に対して使うこと、⑵何に対しても「あげる」を連発すること、この二つではなかろうか。

たとえば、校長先生が教え子の結婚式に出たとする。親が校長先生を迎えて言う。

①「まあ先生、この子のために来てくれてありがとうございます」(×)

と言ったらどうだろう。ことばづかいを知らない親である。

②「まあ先生、お忙しいのにお出で下さいまして、ありがとうございます」(○)

これはふつうの○だろう。

③「先生、お忙しい中を、わざわざお出ましいただきまして、ありがとう存じます」(○)

少し固いが、しっかりしたあいさつである。

むろん、ヴァリエーションは数多くあると思うが、

Ⓐ「来てくれて」

Ⓑ「来て下さって」

Ⓒ「お出でいただいて」

に絞ってみよう。「くれる」「下さる」「いただく」の使い分けにはかなり差がある。Ⓐ以前にもうひとつ、

Ⓓ「来てもらって」

という言い方があるが、これも粗雑な言い方である。

Ⓐの「くれる」について考えてみよう。

歌人俵万智の大ベストセラー歌集『サラダ記念日』に、こんな歌がある。

愛人でいいのとうたう歌手がいて
言ってくれるじゃないのと思う

ここの「くれる」には独特のニュアンスがあるのは、誰でも気がつくだろう。

例によって「くれる」について『広辞苑』をひらいてみる。

①（自分が相手に）物をあたえる。やる。くれてやる。

②（相手が自分に）物をあたえる。

③（動詞の連用形に助詞「て」のついたものに接続して）㋑自分のためにに他人がその動作をし、それによって恩恵、利益を受ける意を表す。転じて、他人の行為が自分の迷惑となる意にも用いられる。㋺他人に対して自分がその動作をしてやる意を表す。

辞典の解説だから、十分に行き届いているわけではないが、これを実際にあてはめてみることで、かなりの部分を納得できると思う。

前にも書いたように、十代のタレント歌手などが、舞台から客席に向って、

「みんな、来てくれてありがとう」（×）

と言うのは、ルール違反であり、客に対して失礼である。「くれる」ということばに本来「与える」という意があって、これは上から下へ物を遣《や》る場合の語だからである。ジャリタレ（イヤなことばですが）が客に対して「来てくれて」は、尊大に過ぎるのである。お客に対して芸人が、

「みんな、来て下さってありがとう」

くらいは、謙虚にへり下って言うのが当り前であろう。それとも芸能人とは、そんなに尊大な口を利くほど、偉いのだろうか。私どもの世代なら、カチンと来る

のがふつうだと思う。

筆のついでに言えば、いま「私ども」と書いたが、改ったところでは、今でも「私たち」とは言わない。「私ども」と言う。

「たち」は、現代でも「友だち」「子どもたち」など、複数形を表すので、「私たち」もふつうの会話には当然使うのだが、古くは、「たち」は神、貴人だけに用いられる複数形の尊敬語だったのである。王朝時代の「公達《きんだち》」は貴族の子息たちのことで「キミタチ」の音便である。

「とも」の方は本来は親しい仲間、志を一つにする集団をさすが、接尾語として「私ども」のように用いる時は、「話し手または相手より下のものと見た時」であり、「私ども」という言い方は相手に対する謙譲語になるのである。

これは、東京女子大国語科に入ったころ、東北帝大出身の松村緑先生に厳しくしつけられたことの一つであった。母などが日常的に「私どもでは」と使うのをいつも耳にしてはいたが、私自身もクラスメートも若いころは平気で「私たち」と言っていて、先生に注意を受けたのだった。それ以来気をつけて耳を澄ませていると、商人などが、

「さいですな、手前どもでは……」

などと使っていたり、時代劇でヤクザが、

「野郎ども、用意はいいか。さっさと叩っ切れ」

などと使っている。なるほど、一人称複数の「手前ども」は謙譲語、三人称複数の「野郎ども」は相手を見下したことばで、尊大にきこえる。「手前ども」などは妙に卑下した口調になりかねないし、これからはおそらくは「私たち」が一般語の複数形として生き残るのだろう。ただ、「たち」と「ども」にはこういう成り立ちと差がある、ということを知っておくのもわるくないと思う。

さて、話を本題に戻そう。

俵万智の「言ってくれるじゃないの」の「くれる」である。これを前出の区分に当てはめると、どうも辞典の区分通りには行かないようだ。無理をすれば③の④の範疇《はんちゅう》に入るだろうが、「自分のために他人がその動作をし、それによって恩恵・利益を受ける意を表す。転じて他人の行為が自分の迷惑となる意にも用いられる」とはとても言い切れない。ニュアンスがちがうのである。「迷惑」までは行かないのだ。ただし何かの違和感を表す言い方、とは言えるだろう。

最近、「全く、よく言うよ」という成語を耳にする。それに近いのである。表立って非難はしないが、どこか心理的な不協和音を感じるような時に、こうした「くれる」が使われる、ということを記憶しておこう。

前述のように、「与える」意がある所からも「くれる」は尊大にきこえ易い。同時に、「言ってくれるじゃないの」に見られるような、相手の行為に対する違和感を表す語感を有していることからも、「くれる」の語は、注意深く使う必要がある、ということなのである。

相手を尊重することばとしては、

「くれる」でなく「下さる」の方が耳にやさしく響く。謙譲の姿勢が内に在るからである。

さらに丁寧語となれば「いただく」がある。前に「食べる」の謙譲語は「いただく」であると書いたが、これを辞典に当ってみると、「いただく——謙譲の意を表す語」という項目があった。

㋑「もらう」の謙譲語。賜る。頂戴する。

㋺（動詞の連用形に「て」のついた形などに連なって）「……してもらう」の謙譲語。

㋩「食う」「飲む」の謙譲語。

㊁「買い受ける」の謙譲語。

ついでに言えば、「食べる」は「食う」の丁寧語であって、「たぶ（給う、賜う）」「たうぶ（トウブ）」の転訛。そのことば自体がじつは丁寧語であったことは前にも触れた。大体、「食う」行為などというものは本能直結型の語彙であるから、一般に丁寧語の「賜《た》ぶ」が使われた経緯もあると思うが、本来は上長者が饗宴などで下の者に賜うご馳走を「たべ」たのであろう。一般語としては古典文学などには「ものなど食《く》ふ」という書き方が多い。時代々々の語感と使う側のことばの選択があったことが想像できておもしろい。

ところで近ごろ話題になった皇太子殿下の「人格否定」のご発言に対して、宮内庁長官の発したことばに、何とない違和感をもった人も多いのではなかろうか。この稿を書く時点で、この問題はまだ結着をみていないし、報道マンたちの戸惑いも大きいようだが、私はわざとここに、現時点での私的な感触を書き留めておく。

実際、「ご帰国になったら直接お目にかかってご発言のご真意を伺いたい」という長官の何とも高圧的な態度が、一般人にとっては威丈高にみえて、あまりこころよいものではなかった。

ことばは〝敬語〟を十分に駆使し、間違ってもいないのだが、「いまだにお召しがないので、ご真意を伺うことができない」というコメントを聞くと、長官が殿下に対してちっとも敬意を払っていないことが、歴然と見えてしまうように思われた。官の長として、立場を守る必要もあるのだろうが、どうみても、年嵩《としかさ》の人が、まだ年若い上長者に責任をとらせようとしているように見えてしまうのである。言い分はくさぐさあるにせよ、そして「お召しがない」にしても「ご真意が伺えない」にしても、たしかに第一級の敬語が、きちんと誤りなく使われてはいるのだが。

ここで私は、「敬語」とは、「ことば」としてばかりでなく、「敬意」と「謙譲」がなければ成り立たないのだ、という持論を、改めて思うのである。

テレビ報道や雑誌でみる限り、どうみても皇太子殿下は孤立無援。帰国された空港で、さりげなくにこやかに長官のお辞儀を受けていらっしゃるのを見て、何ともおきのどくな気がした。

「あげる」「やる」再考

敬語・謙譲語をふくめて「丁寧語」といわれることばは、主として「会話」の中で使われることは言うまでもないが、これは「会話」をスムースにして、相手との相互関係を気持ちよく結ぶ効果をもつと言ってよい。

同時に、相手かまわず自己中心的な考えをむき出しにする話法は、その人の教養や人格を必要以上に低く評価させることにもなる。

すでに「気になることば」のひとつ「くれる」についてのべたが、もうひとつの「気になることば」、「あげる」について近況を報告しておこう。

「あげる」を身内の表現に使うことはヘンだ、とはくり返して言って来た。

①「いいわ、お小づかいあげるわ」

と子どもに対していうのはかまわない。会話では相手を一段尊重して言うことが多いからだ。けれども人に向って、

②「うちの子に、お小づかいあげたのよ」

はおかしいのである。まして、

③「犬に餌をあげたかしら」

は、どう考えても納得できない。

なぜか。再び『広辞苑』を引用してみる。「あげる」には、数多くの意味があるが、この場合はその㈤と㈥に当る（㈠—㈣は省略。知りたい方はご自分でみて下さい）。

あげる——㈤高位または有力なものの所へ到達するようにする。

①神仏に供える。

②身分の高い者にさし出す。献上する。

③返上する。辞任する。

④（本来は「与える」「やる」の相手を敬った言い方）物を渡す場合の丁寧表現。

㈥②（「申す」「頼む」「願う」などの動詞の連用形について）その動作の対象をあがめ敬う意を添える。

③（動詞連用形に助詞「て」の付いた形に添えて）その動作を他にしてやる意の丁寧表現。

必要な部分だけを抜き書きしてみたが、一見してわかるように、㈤の①②④、いずれも上位の人、あるいは敬意を表す場合に「ものをあげる」のである。神さまにお賽銭を上げる、のはいいが、やはり犬に餌を上げる、のはおかしい、と言わざるを得ない。

「あげる」をもっと丁寧に言えば「さし上げる」になる。

「先日手紙をさし上げましたが、ご覧いただけましたでしょうか」

という表現は㈤―②に当る。

こうした表現は、相手を尊重し、自らを謙虚な立場に置いた表現であって、あくまできちんと相手と自分の関係を踏まえていることが必要となる。

過日もＴＶで推理ドラマを見ていたら、

「もっと自分を大切に考えてあげないと……」

というセリフがあった。甘やかすな！と言いたくなる。

「もっと自分を大切に考えなければ……」

で十分である。

大体、何で一々、あげなければいけないのだろう。古い諺《ことわざ》に「下衆のことばは字余り多し」とある。余計なことばは無教養を丸出しにする、という訓《おし》えである。

先日もデニーズだかロイホ（ロイヤルホストの略だとか。略語もまた、いい加

減にしてほしいが）だかに行った中年男性が怒って言うには、
「あったまに来るな。あの女の子たちの言い方。〝ご注文をくり返しますァ、生ビールおひとつ、ジャーマンポテトおひとつ、シーザースサラダおひとつ、ライスおふたつ、コーヒーホットでおひとつ、アイスでおひとつ、ご注文は以上九点でよろしいでしょうか〟」
「注文を受けるのに間ちがいがないかどうか、確かめているだけでしょう？」
「そうかもしれないけど、おひとつにおふたつで全部で九点、なんて客は考えてないよ。おまけに〝以上でよろしいでしょうか〟はないと思うよ。不必要だと思うね」

なるほど、話し手と受け手の感覚のズレというのがあるのだ。彼の言うには「以上でよろしいでしょうか」と言われると「よろしくないね」と反応してしまいたくなる、というのである。それに、もっと注文しないんですかと催促されているようだ、と言うのだが、これは被害妄想というものだろう。

しかし、言われてみるとなるほど、しっかり聞きとめた上で、「はい、かしこまりました」とか、「はい、承《うけたまわ》りました」と言われる方が、客としては気持がよい。だんだんと「安ければOK」の感覚が一般化して来て、客のセルフサービスを強要（?）するスターバックスのようなコーヒー店がふえ、ゆったりと時間を過ごせる古風な珈琲店がどんどん閉店している世の中である。しかし少くとも、サービス業は客に心地よく思わせるのが身上というものである。確認するにももう少しすっきりした方法はないものか。

話が逸《そ》れたが、不要なことばははずした方がよい、という例である。

「あげる」の濫用について、最近一番耳にひっかかる言い方は、一部のTV料

理人たちである。料理番組に出演する人のことばは、影響が大きいということも考慮してほしいと思うことがある。最近でも、
①「魚の表面にかるく切れ目を入れてあげて……」
②「表に粉をふってあげると……」
③「倍ほどに薄めてあげて程よい色に……」
④「一度火をとめてあげて、一旦沈むのを待って漉してあげると……」
枚挙にいとまがない。これらの「あげる」に何の意味があるのだろう。丁寧語でも何でもない。ことばが不足したような気がして付けるのかもしれないが、「切れ目を入れて」「表面に粉をふると」「倍ほどに薄めて」「一度火をとめて、一旦沈むのを待って漉しますと」と言って何ら差支えないし、その方がすっきり、はっきりした表現になる。

これが重なると、前にも触れたように、「これを油であげてあげる」という、奇妙な言葉になってしまう。「あげる」ということばの使い方は、自分を教養人だと思っている人は、十分に気をつけて使う方がよい。

と、ここまで「あげる」についてあげつらって来たが——（「あげつらう」と

いうことばも最近ではあまり使わなくなっているようだ。「論《あげつら》う」すなわち、あ
あだこうだと論ずることである。念のため）――いくら反抗しても、ことばは時
代の生きもの。思うよりも速い速度で、どんどん意味を変化させ、使用法を変化
させ、誤用がそのまま定着して行く。戦後六十年、その変化を眼《ま》のあたりにして
来たという実感がある。

この間、皇太子さまのご発言の中にも、愛子さまについて、「外国にも連れて
いってあげたいと思っています」という一節があって、あ、これはもう、「あげ
る」は市民権を得てしまったな、と私は思わざるを得なかった。

それにしても、ここまでである。「天ぷらをあげてあげる」のような語法は、
ご勘弁願いたい。そしてやはり犬に餌はあげないで、犬に餌をやることにしたい。
金魚にも餌はあげないで、やることにしたい。

この「やる」については本来「遣る」であって遠くに、あるいは外に「遣《つか》わ
す」意であると説いたが、その他に、

①（身分が同等以下の者に）与える。

②（助詞「て」を伴って動詞連用形に付いて）

・Ⓐ同等の者以下のために、労を執り、恩恵を与える意を表す。（送ってやる）
・Ⓑ相手に不利益を与える意を表す。（例・殺してやる。家出してやる）
③自ら物事を行う。する。（一杯やろう）
④動作が完了する意を表す。
などの意があると『広辞苑』は説いている。

「やる」の合成語としては「やり手」「やりっぱなし」「やり直し」「やり抜く」「やりくり」「やりこなす」「やりはじめる」などがふつうに使用されていて、別に品のない言葉でも何でもないのだが、「やっちまえ」などの荒っぽい江戸ことばがいつのまにか悪印象を与えることになったのかもしれない（戦後の「やる・あげる論争」については、すでに私見を述べた）。

あるいは②—Ⓑの「相手に不利益を与える意を表す」語法としての印象がつよいのかとも思われるが、敬語体系の中心になっている明治以降の東京山ノ手の邸ことば（主として女ことば）の中では、「やる」は、わるい言葉という印象がなかったのはたしかである。

しかし「やる」は上位から下位へという印象がつよいので、平等思想の中からははみ出し易い語法と言えるかもしれない。

かくして「ことば」は移り変って行く。

そういえば、「やる」の実例を探していて、次のような歌に出会った。時代によっては懐しい方もあると思う。文部省唱歌「桃太郎」である。

〽桃太郎さん桃太郎さん
お腰につけた黍団子
一つわたしに下さいな
やりましょうやりましょう
これから鬼の征伐に
ついて行くならやりましょう

この歌の生まれたのは明治四十四年。この頃にはまだ犬にも猿にも雉《きじ》にも、桃太郎は「あげて」いない。「やって」いたのである。

マナーとしての敬語

ここ四年間の連載の中で、現代のことばづかいの中で壊れつつある「敬語」の実体を探って来たが、この四年の間でさえ、敬語はどんどん崩れ、日本語の中の伝統的ルールもとめどなく壊れつづけた。これを元に戻そうというつもりは私にはない。ただ、民主主義、平等、権利などということばによって正当化された生活文化全体のおそるべき変質を、ここに書きのこしておくだけである。それほど無力感はつよいのである。

それでもなお、日常会話の中で洗練された会話をしたい人々のために、いくばくの指針となったらと思う。「実技篇」と名付けたのはそのためである。

日頃地方での講義、講演の機会が多いのだが、敬語の使い分けの混乱に対する質問が最も多い。あまりに崩れ方が急速なために、自分の認識が誤っているのでは、という危惧をもつ人も多いのである。一方、若い年齢層の人々からは、男女共学以後、男ことばが一般に通用し、自分たちもそれに馴染《なじ》んで来たために、敬語を使いたいけれども使えない、という訴えを聞く。とくに子育て中のヤングママたちは、子どもの「ことばのしつけ」への悩みが多いようだ。お姑さんの世代との敬語のギャップでノイローゼ気味、という話もきいた。

敬語の崩壊は、同時に平等に名を借りた秩序の崩壊でもある。たしかに家父長制の弊害から脱出し、年功序列から脱却して、実力重視の社会になったのは喜んでいいことだし、私たちの世代は最もその恩恵を受けて来た。けれどもここで顧みると、世界に本当の平等などあるはずもなく、基本的には平等の権利はあっても、人と人との間柄が、思想や法律の問題だけでは成り立たないことは誰でも知っている。無事に生きていることへの感謝があり、人と人との間の融和を考えれば、短いことばひとつとっても、決して「意味」だけ通じればよい、というものではない、と皆思っているはずである。

敬語とは、上下関係という縦社会的秩序の中で醸《かも》し出されたものであっても、そこにはいつも相手への敬愛があり、礼儀があり、節度がある。敬語とは人と人とのつきあいの「潤滑油」のような役目を負う。

重く篤い敬語は、われわれ世代にはすでに通用しない。形だけの、心のこもらない敬語は相手に対して失礼でもある。だからといって、最近の新聞やテレビのように、芸能人に対しては敬語を使い、国の象徴である天皇や皇太子に対して全く敬語を使わない傾向は、どういうものだろうか。犬には敬語を使うのに、である。その辺の混乱を、報道人はもう少し考慮してほしいし、日本語のやさしいふくらみを全く切り捨てることには疑問をもってほしい。

とくに敬語がなくなったことに抵抗を覚えるのは、

①老人に対する、あるいは父母に対する内と外の敬語の使い分けが乱れたこと。

②先生に対する敬語がなくなったこと。

の二つである。人間平等であり、お互い同等であるとはいえ、育ててくれた両親への感謝、苦労していま漸く安らごうとする老人へのいたわり、そして、知らないことを教えてくれた先輩、教師への尊敬と感謝、これらの当然の心情は、人間として失ってはならないもののはずである。

そのことを教えなかった親がわるい、と一言で済ませるのは容易だが、これから日本の社会を良くして行こうと思うなら、学校以前の、家庭での「しつけ」が根本になければなるまい。

いま、飼い犬を可愛がるあまり、犬は自分が主人だと思いこみ、飼い主の言うことをきかないため、わざわざ訓練士に預ける人が多いという。人間、幼児のうちは犬と変りはない、と心理学者は言う。「善いこと」「悪いこと」の「けじめ」

をしっかり仕込むこと、これは家庭の義務である。

昔は教養のない人間を「口の利き方も知らない人」と表現した。近ごろとくに、対面での会話が少くなり、たとえば電話だけでのやりとりがふえたが、その礼儀の無さに呆れ返ることがある。古語では無礼なことを「なめし」と表現した。語源は知らないが「ナメるな!」という「ナメ」はそこから来ているのではあるまいか。

昔、大学生の甥を預っていたころ、その口の利き方がわるいといって、同居の老母がよく怒っていた。孫とはいえ図体の大きな若者が、ごろごろ横になってヘッドホーンで音楽を聴いている。老母が「ご飯よ」と声をかけても、ちょっと耳からはずして「今行くよ」の一声。

食卓に揃って待っていても一向に出て来ない。しつけがわるいのである。老母にしてみれば、年長者がわざわざ声をかけに行ったのに、横になったまま返事をするなど、その行儀のわるさからして、気分を害していたらしい。おまけに「今行くよ」と友だちことば。その上、皆を待たせてのそっと出て来て、「お待たせしました」も「ごめんなさい」もない。食卓についていきなり茶碗をぬっと差し出したとたん、老母がキレた。

「無礼者!」

叱咤の声が飛んだ。

「そこへ直りなさい!」

大の男がしぶしぶ母の前に正座した。短いお説教ではあったが、母は男子の守るべき礼節を説いた。甥はちょっと照れ笑いをしたが、翌日からは目にみえて態度を改めた。なるほど、小柄な老母が、大の男を「しつけ」る気迫、これが「明治の女」なのだと、私は妙に感服したのを覚えている。

がんじがらめの「しつけ」は有難くないが、生活の中で、人とのつきあいの方法を「しつけ」るのは、母親の義務でもある。そのためには母親の世代が、しっかりしたマナーを身につける必要がある。そしてその「しつけ」の中に、自然に敬語が使われ、親や先生を尊敬することを覚えていくのが、最も無理のない敬語の教育法ではないかと、私は思っている。

「ことば」は、「時」と「所」と「場合」による使い分けが必要であるのは言うまでもないが、どんなに自由な世の中だからといっても、「晴」(正式)と「褻《け》」

（ふだん）の区別はあっていい。自由人だからといって、膝のぬけたGパンで外国大使館の晩餐会に出席するのは、やはり非礼というものだろう。「ことば」も同じで、いつでも落語の「熊さん」「八さん」の「てやんでぇ」「べらんめぇ」語で通すわけにはいくまい。小社会にだけ通じる気楽な会話だけが人間関係を形成するというものではないからだ。

一方、やたらに気取った敬語もまた、人をかえって鼻白ませる。時と場所を心得た、節度のある敬語が、どのように定着し、残っていくのかが今後の課題だろう。舌のもつれるような敬語は、これは過剰である。しかし、尊敬語のない会話というのも、あまりに日本語としては寂しすぎるのではないか。相手に失礼にならないように、また、第三者が聞いてあまりにぞんざいに、雑に聞こえない程度に、ほどよい敬語の定着がのぞましい。

戦後教育のつけが、今ごろ青少年問題の綻《ほころ》びとして回って来たのだと説く人もいるが、論じてみてもどうにもならない。最も基礎的な家庭教育のしつけから、地道に作り直さないと、日本語の崩壊はとめられない。英語を第二国語とするのも結構だが、日本語という美しく繊細な言語が自由に操れなくて、何の英語だろう。この論理的《ロジカル》でない、感覚的《センシティブ》なことばを、このまま死なせてよいものか。

丁寧語を使えば「いいことば」だという誤解も、これは解いておかねばなるまい。テレビを見ていたら、

「これは、奥さんに頂きました」

と言った男性がいた。

「これは、家内からもらいました」

がふつうで、身内の者を「さん」づけするのも、「頂く」という敬語を用いるのも、全くおかしいのだが、この手の発言は毎日きりなく耳にとびこんでくる。

「お父さん」「お母さん」をはじめ身内につける「さん」という敬称は、友人間までは0Kだが、先生の前や世間に出れば「父が」「母が」と言った。これが家庭の「しつけ」だった。使い分けをきちんと教育するのは家庭であり、それが行き届いていなければ無教養とされたのである。娘が高校生の頃、その友人たちが「ウチの親《おや》が」と言うのを聞いて、「両親が」と言わないのを奇妙に感じたが、当時は「父」「母」という言い方は何か出しにくいことばであったらしい。近ごろ聞いていると、その頃の娘たちが人の親となり、人前で「うちの父が」などと、ちゃんと喋っているのを聞くと、なるほど、そう心配するほどのこともないのだな、という気もする。その上、面と向って「おばちゃまってカワイイ」などと言われると、「無礼者!」どころか、年甲斐もなくそんなものか、と受容したくなるのだから、時代によることばの変遷など、思えば何程のこともないのかもしれない。

敬語のあり方、「男ことば・女ことば」についても、まだ書きとめておきたいことは数多いが、ひとまずこの稿をここで閉じることにしたい。

あとがき

あるとき、文芸の集まりに参加している女性のひとりが私のところに来て、こんな話をした。いま、ここに来る電車のなかで、中学生の男の子たちが話しているのをなにげなく聞いていたら、彼らがこう言った、というのである。

「日本語より、英語の方がカッコいいよな」

「うん。日本語はきたないもんな」

「ダサイよ」

ことばを大切に思っている彼女は、思わず体が顫《ふる》えた、という。大切な日本語を、このままにしておいていいのだろうか。美しい日本語はどうなるのか。この話を聞いた当時、そこにいた人たちは一様に、日本語のみだれ方の激しさに、つよい危機感を抱いていた。

雑誌『星座――歌とことば』が創刊されたのは、それから間もない、二〇〇一年一月一日のことだった。多くの知識人たちが惜しみなく協力して下さって、この短歌とことばの雑誌は今も隔月刊として続いているが、多くの人々がどれだけ日本語を愛しているのかが如実に伝わってくる年月だった。その中で創刊号から、自らの意思で「敬語」の実情について考えて来たのが、「敬語スタディー実技篇」である。

　四年間に亙る隔月連載だったので、一回読み切り風に書く必要もあり、重複も多いのだが、一定の視点から見ていると、この四年の間の敬語のすさまじい崩壊は、言うのも虚しくなるほどであった。が、一方で日本語の見直しが着実にはじまっている。初回執筆の頃に比べると、「敬語」に対する認識もずいぶん変わって来た。ここでは、敬語の実態を自らの見聞によってしっかり書きとどめて、将来の研究データの一端にしたいという思いもあった。古い文化を復活させようというような、復古的な意思は全くない。

　一九六〇年代、アメリカのボストンに暫く住んだ経験が、私に日本語の繊細で感性的なことばの美しさを、改めて認識させた最初であったが、それをきっかけとして、帰国後、私は日本の古典文学に没入することになった。一方で放送作家として活動していた時期も永いので、勢い、実際に「敬語」が、どのように使われ、どのように日本文化全体と関わっているのか、つよい関心を抱いて来た。

「ことば」とは文化である。日本語の崩壊は、日本の文化をゆるがすものでもある。その文化の一端を根づよく支える柱となって来た「敬語」である。敬意と謙譲という、人間の根本的な生活態度を滅亡させて、ほんとうにいいのだろうか。

　学校でなく家庭でするはずの、基本的なくらしの「しつけ」をしないで、ほんとうにいいのだろうか。若い母親たちから度々聞かされる「敬語が使えない」悩みを、ほんとうに放っておいていいのだろうか。

　そんなことを考え考え、時の流れの折々に出会った日本語崩壊の実情と、本来の意味を考え直した道程が、結果的にこの一冊となった。

　すぐに役には立たないかもしれないが、「知っていてよい敬語の基礎」を、時にはなるほど、と思って読んで頂ければ幸いである。気らくに、ひとつの読み物として楽しんで下さればうれしいと思う。

『星座』誌の続行に力を貸しつづけて下さった、かまくら春秋社代長の伊藤玄二郎氏と、桐島美浦さん他、この本に熱意をこめてくださったスタッフの方々に、改めて深い感謝の思いを捧げたい。

二〇〇五年三月　桃の節句に

尾崎左永子

尾崎左永子（おざき・さえこ）
歌人・作家。東京生れ。東京女子大学国語科卒業。著作に『源氏の恋文』（第32回日本エッセイストクラブ賞。求龍堂）『源氏の薫り』『源氏の明り』の三部作、『新訳源氏物語』全4巻（小学館）など、古典文学の著作が多い。歌集に『さるびあ街』『夕霧峠』（迢空賞。砂子屋書房）ほか。『星座―歌とことば』（かまくら春秋社）主筆。

敬語スタディー 実技篇

著　者　尾崎左永子
発行者　伊藤玄二郎
発行所　かまくら春秋社
鎌倉市小町二―一四―七
電話〇四六七(二五)二八六四
印刷所　ケイアール

平成十七年三月三十一日発行

ISBN4-7740-0290-9 C0095